你不可不知的

人脉投资课

孙颢◎编著

中国华侨出版社
·北京·

图书在版编目 (CIP) 数据

你不可不知的人脉投资课 / 孙颢编著 . —北京：
中国华侨出版社，2010. 11（2025. 4 重印）
　ISBN 978-7-5113-0813-9

　Ⅰ . ①你… Ⅱ . ①孙… Ⅲ . ①人际关系学—通俗读物
Ⅳ . ① C912.1-49

　中国版本图书馆 CIP 数据核字（2010）第 206865 号

你不可不知的人脉投资课

编　　著：孙　颢
责任编辑：唐崇杰
封面设计：周　飞
经　　销：新华书店
开　　本：710 mm×1000 mm　1/16 开　　印张：12　　字数：137 千字
印　　刷：三河市富华印刷包装有限公司
版　　次：2010 年 11 月第 1 版
印　　次：2025 年 4 月第 2 次印刷
书　　号：ISBN 978-7-5113-0813-9
定　　价：49.80 元

中国华侨出版社　北京市朝阳区西坝河东里 77 号楼底商 5 号　邮编：100028
发 行 部：（010）64443051　　　　　　传　　真：（010）64439708

如果发现印装质量问题，影响阅读，请与印刷厂联系调换。

前 言

有钱人是怎样赚钱的？很简单：投资！谈到投资，人们往往首先想到钱财上的投资，但有一种投资，跟钱财关系不大，却是世界上最厉害的投资，它所产生的效果是不可低估的。它就是——"人脉投资"！

人脉就是财富，关系就是能力。好人脉是一座挖不尽的金矿，是一笔无形的财富。尤其是在中国这个很讲究人情的社会里，人脉的作用不可低估。

正如美国的一句流行语所说："一个人能否成功，不在于你知道什么（what you know），而是在于你认识谁（who you know）。"有人总结说：对于个人，20岁到30岁时，一个人靠专业、体力赚钱；30岁到40岁时，则靠朋友、关系赚钱；40岁到50岁时，靠钱赚钱。由此可知人脉竞争力是如何在一个人的成就里扮演着重要的角色。

人脉是一个人通往财富、成功的门票。200年前，胡雪岩因为擅于经营人脉，而得以从一个钱庄小伙计，翻身成为清朝的红顶商人。200年后的今天，检视商界成功人物的成长轨迹，有些正因为拥有一本雄厚的"人脉存折"，才有之后辉煌的"成就存折"。

在生活中，我们每个人都要学会与周围的人进行良好的沟通，与周围的人实现思想与感情的无障碍交流。只有如此，我们才能够为自己营造并且维系一个良好的人脉关系。

营造和维系好人脉，是一门学问，也是一种艺术。营造好人脉需要具有无私的奉献与付出；营造好人脉需要主动地关心别人、容纳别人、宽恕别人；营造好人脉需要宽广的胸襟，达观的态度，以及拥抱敌人的气魄；营造好人脉，需要注意个人的服饰、容貌、仪表，更要关注自己在公共场合中言行方面的每一个细节；营造好人脉，需要善于与良师诤友、上司、同事、下属、乡邻、同学等不同的人交往，并且与之保持密切的关系；营造好人脉，需要学习和掌握一些与人们交往的社交技巧和方法。

基于此，我们特编撰了《你不可不知的人脉投资课》一书，本书为大家介绍了一些营造好人脉的途径和方法。只要你掌握了人脉投资的本领，就有可能在同行中遥遥领先、鹤立鸡群！

朋友，马上行动起来，与周围的人们建立并保持一种和谐友好的关系，你就可以成为善于投资人脉的脉客，你就会拥有一张强大的人脉网络，赢得成功人生！

目 录

第一课
魅力赢得人脉

第二课
赢在第一印象

第三课
积累人脉资本

第四课
经营人脉网络

第五课
拓展人脉方略

第六课
轻松维护人脉

第七课
谨慎人脉沼泽

第一课

魅力赢得人脉

一个形象邋遢、说话语无伦次的人不可能拥有好
人脉的，一个说话没有涵养，穿衣不修边幅的人
不可能拥有好人脉。皮卡托说："美若失去魅力，
就是无钩的诱饵。"如果想拥有好人脉，你就需
要了解相应的社交礼仪，培养自己儒雅的风度，
修炼自己的演讲能力。

佛靠金装，人靠衣装

　　章先生是某公司的系统工程师，月收入近万元，是个不折不扣的白领，然而，已过 30 的他仍旧没有女朋友，在公司内也没人愿意亲近他。这都是由于他太不注意个人形象，衣着总是很邋遢；肥大的 T 恤衫外罩着一件同样不合身的西装外套，西裤皱皱巴巴，皮鞋常常一两个星期不擦。有一次，老板善意地提醒他注意一下衣着，拉近与公司同事的关系，但章先生却振振有词地辩解说："老板，我相信您聘用我看中的是我的能力，他们这样以貌取人，那我也不屑于与他们为伍！"结果，章先生仍旧穿着乱七八糟的衣服，他也仍旧被排斥在同事圈之外。

　　章先生认为不注意着装是个人的事情，对别人没有妨碍。其实这种想法是错的，得体着装是对别人的礼貌，衣着随便的人很难受到别人的欢迎。

　　"佛靠金装，人靠衣装"，恰到好处的着装可以在人际交往中给人带来美的感受，让人对你产生好感。那么怎样着装才能充分体现你的个人魅力呢？

　　从一般的原则分析，以下两点最能展现出服饰的风采，给人以美感。

第一，整洁是服饰美的首要条件。

无论在何种场合，穿何种衣服，我们都要保证服装整齐洁净。只有如此，才能保证服饰有美感。否则，无论你穿何种品牌、质地、式样、颜色的衣服，都会给人留下不洁、不好的形象，也就无所谓服饰美了。

第二，协调是服饰美的艺术特征。

一个人着什么装，怎样打扮，都必须与个人的性格、气质、职业、年龄以及穿戴的环境、季节相协调，才能与审美要求相符，才能符合社交礼仪的规范，才能给他人以美的感受。

第三，着装要与交际环境相协调。

与你工作环境不相适应的着装可能是叛逆的标志。一家公司有位年轻、美丽的行政助理，自从她开始与摇滚乐手约会，便逐渐改变了端庄的穿着和职业女性的发型。改变装束是为了在下班后会男友时不必再换衣服。而不幸的是，正当她在事业上渐具竞争力时，却破坏了自己的职业形象。无疑她的优势地位也伴随着她的职业形象一起消失了。

公然违背着装规则会被视为对权威的挑战。无论是女人穿超短裙，打扮得珠光宝气，还是男人经常敞着衬衫领口，穿运动夹克衫，给人留下的印象可能都是："此人对工作不严肃。"不过，即使是办公楼里着装最佳人士有时也会左右为难：因为同时还要避免给人留下仅仅对衣服感兴趣的印象。

要以着装向人传达这样的信息为原则："我属于这里"，"我有独特的判断力和高雅的品位"。

一套服装是否适合你所处的环境受许多因素的影响：你的工作性质、你居住的地区、气候以及特定的场合。

很自然，衣着是否合适主要决定于你的工作性质。常与别人打交道的工作一般需要使自己的着装更加职业化一些。与广告、软件开发或娱乐业人员相比，领导者应该选择较为保守的服装。你穿的衣服应让你安全自如地完成工作中的各种活动。

在许多情况下，当地的气候决定着服装是否合适。衣服的面料要符合天气的情况，如果你在深圳温暖的冬天穿着厚厚的羊皮夹克，人们就会认为你连一些基本的常识都不懂。气候不仅影响服装的选择，还影响着鞋和外衣。在北方，男人常穿带翼波状盖饰的皮鞋，而且比其他地区男人穿的鞋厚实。

环境和场合对衣着也起着决定性的影响。比如，如果你在星期六下午盘点时穿西服就显得有点儿不合适了。一家咨询公司的合伙人清楚地记得，有一天他穿了一双运动鞋去办公室。路上不断有人问他，"你要去打高尔夫球吗？"

第四，着装还要符合时代背景。

人体是美的，在古代，原始人受社会发展条件的制约，着装无意识，这是客观条件造成的。但是，随着人类文明到达一定程度，人体美就不能像原始社会那样毫无掩饰地展示了，必须经过服饰的"包装"，才有美感可言。在现代社会的社交场合，赤身裸体是与社会公德违背的。著名的西方美学家格罗塞曾从人类审美心理角度出发作出分析："在较低的文化层中，虽则不是常穿衣服，但在文明较高的阶层中，衣服已变成男、女两性最不可少的部分。到了这样的情境下，人体的显露就成为不平常的稀奇事儿，而这种习惯冲突，正如其他情形一样，要发生一种交代不过去的尴尬。"服饰的穿戴要与时代发展相同步，否则你的着装就有失礼之处，尤其在重大场合。

不要把着装当成一件小事，它能直接影响到别人对你的印象，影响到你人缘的好坏。因此，如果你想提升社交中公关的效果，那就一定要注意着装的艺术。

言谈要合礼仪

适当的礼仪，不仅在谈话中起着不可忽视的作用，在人与人之间的交往中也是十分重要的。

一个有经验的交际高手总是会采用恰如其分的礼仪，那么哪些礼仪才算是恰如其分的礼仪呢？

（1）在与他人交谈时表情要自然，语气和气亲切，表达得体。说话过程中可适当做些手势，但动作不要过大，更不要手舞足蹈，不要用手指人。与人谈话时，不宜与对方离得太远，但也不要离得太近，不要拉拉扯扯，更不要在谈话的时候唾沫四溅。

（2）谈话的现场超过三个人的时候，应不时地与在场的人都谈上几句，不要只与一两个人说话而不理会在场的其他人，也不要与别人只谈彼此知道的事情而冷落了第三者。如所谈问题不方便让旁人知道，则应另找场合。

（3）参加别人谈话时要先打招呼，别人在个别谈话的时候，不要凑前旁听。若有事想与某人说话，应待别人把话说完。当有人与自己主动说话时，应乐于与其交谈。第三者参与谈话，应以握手、点头或微笑表示欢迎。发现有人欲与自己谈话，可主动询问。谈话中遇有急事需要处理或要离开，应向谈话的对方打招呼，表示歉意。

（4）注意谈话的内容。

尽量不要涉及疾病、死亡等事例，不谈一些荒诞离奇、耸人听闻或者黄色淫秽的事情。一般不要询问妇女的年龄、婚姻状况等。所谓"见了男士不问钱，见了女士不问年"是也。

不要直接询问对方的家庭财产、履历、工资收入、首饰价格等私人生活方面的问题。与妇女谈话时不要说她长得胖瘦等，对方不愿回答的问题不要追问，也不要究根问底。对方反感的问题应表示歉意，或立即转移到其他的话题。

（5）男子一般不要打扰或参与妇女圈内的议论，也不要与妇女无休止地攀谈而引起旁人的反感侧目。与妇女谈话时更要谦让、谨慎，不与之开有伤大雅的玩笑，争论问题要有一定的节制。

（6）在交际场合，自己讲话要给他人发表意见的机会，也应适时地发表个人的看法。要善于聆听对方的谈话，不要轻易打断他人的发言。一般不提与谈话内容无关的问题。如对方谈到一些不便谈论的问题时，不要对此轻易 f 表态，可转移话题。在相互交谈的过程中，目光应注视对方，以示专心。对方发言的时候，不要左顾右盼，心不在焉，或者注视别处，显出一副很不耐烦的样子，也不要总是看表或手机，或做出伸懒腰、玩东西等漫不经心的动作。

（7）在谈话中要使用适当的礼貌语言。"你好，请！""谢谢，对不起，再见……"这些礼貌用语，会让人觉得你像一个绅士或淑女，同样能博得很多好感的。

在社交的场合中谈话，一般不过多纠缠、不高声辩论，更不能恶语伤人、出言不逊。即使争吵起来，也不要斥责或讥讽辱骂。

微笑价值无穷

中国有很多阐述微笑能够为人们带来好人脉的谚语："眼前一笑皆知己，举座全无碍目人"、"一笑泯恩仇"等，简直是不胜枚举。

有人说，假如长得不好，就让自己有才华；假如才华也没有，那就总是微笑！任何人都不会轻易拒绝他人的笑脸。一个人几乎每天都会笑上几次，整天不苟言笑才是件令人受罪的事。

美国微笑之都——爱达荷州波卡特洛市有一个奇特的法令：凡在公共场所愁眉苦脸的人，一律要被送到"微笑站"进行再教育，直到学会微笑才让他离开。微笑是人们的本能，是两个人之间最短距离的表示，它具有神奇的魔力。真诚的微笑是交友的无价之宝，是社交的最高艺术，是人们交际的一盏永不熄灭的绿灯。

服务行业则把微笑的作用放大到了极点，他们认为"微笑服务"能使顾客盈门、生意兴隆、招财进宝，而事实的确证明了此观点。

谚语说："一家无笑脸，不要忙开店。"世界著名的希尔顿饭店的创办人康拉德·希尔顿就十分看重微笑对于企业发展的作用。他说："我的旅馆如果只有一流的服务，而没有一流微笑的话，那就像一家永远见不到温暖阳光的旅馆，又有何情趣可言呢？"

某证券交易所经纪人李特先生过去是个严肃刻薄、脾气暴戾的人。职员、顾客甚至他的太太见他都避之唯恐不及，由此，他的生意十分不景气。之后，他的一位研究人脉学的朋友，帮他找到了症结，此后他学会了微笑。李特先生一改旧习，无论在电梯里还是在走廊上，不论是在大门口还是在商场，逢人三分笑，像普通的职员一样真诚地与人握手。结果，不仅夫妻和睦相处、相亲相爱，而且顾客盈门、生意兴隆。从这个意义上说，微笑对于人们而言是一笔财富。你不可以改变你的容颜，但你可以改变你的微笑；你不可以改变你生命的长度，但你可以改变你生命的宽度。

微笑对于热恋中的男女而言则是爱情的升温器与催化剂。因微笑而产生爱情，以至结成百年之好的鸳鸯佳偶俯拾即是。而没有微笑的恋爱，大都成功率极低。

秋香那三次甜甜的笑十分迷人，每一笑对风流才子唐伯虎都是一次心灵的撞击，使唐伯虎神魂颠倒。他感情的瀑布也因为这微笑而飞泻而下，不可遏止。这就是恋人微笑的魔力。

一家人之间的"微笑相处"，能使感情融洽、相亲相爱。

一位先生曾深有感触地说："我结婚18年了，很少向我太太微笑，甚至讲话也很少。"之后，他决定改变这种态度。他照着镜子对自己说："你今天要把脸上的愁容一扫而光。""你要有笑容，要微笑起来，现在就开始。"当他坐下来吃早点时，他对太太笑着打招呼："亲爱的，早安！"

他太太被他突如其来的微笑简直搞糊涂了，惊诧万分，因为这位先生在这之前，似乎根本就不会笑。他笑着对太太说："从此以后，你会习惯我这种态度的。"

这位先生坚持一直做下去。两个月过后，微笑发挥了作用，太太高兴极了；家庭气氛得以改变，全家人感到以前从未有过的和谐、幸福。

微笑的作用真的很奇妙，真的很灵验。它的作用又何止这些呢？

当双方之间发生摩擦以及冲突并逐步升级时，微笑是灭火器，它能熄灭怒火，化干戈为玉帛；劝说者微笑式的谈心，能打开重磅炸弹也难以轰开的心扉；人们之间微笑相处，微笑之花永远开在脸上，那便是融洽关系、增进友情的催化剂了。

笑容对于生活中的每一个人都很重要。微笑不但会改变别人的心情，并且还会改变你自己的心情。因此，有人说："寒冬里那温馨的微笑，你就是拿整个春天来换，我都不给。"一直把笑意挂在脸上，你自然就会拥有好的人脉了。

服饰也在"说话"

服饰语言是以服装与饰品（包括首饰）的变化来传递情感或信息的交际手段，服饰作为一种信号比肢体语言本身的信号更加引人注意。

从一个人的穿着打扮，可以看出一个人的审美水平、文化修养以及综合的素质。简洁大方的仪表，不仅能展示自己的个性魅力，更能体现出你对他人的尊重。

服饰作为人类社会特有的产物，它的产生与发展体现着人类文明的进步。服饰随着人类历史的演变而演变，每个历史阶段的服饰都有一定的社会意义和文化内涵。服饰发展到今天，已经凝聚了十分丰富多彩的文化意义。它载有反映社会风气、历史条件以及人的精神风貌等多个方面的信息，更是个人的性格气质特征与审美能力的重要而直接的表现形式。

服饰具有信息传播的功能。服饰的式样、颜色、档次和搭配，都可以显示出一个人的性格爱好、文化修养、生活和风俗习惯。

有研究表明，讲究穿着打扮的人自尊心一般较强、对工作比较负责，而穿着打扮过于随便的人多半是不拘小节。在初次的交往过程中，讲究衣着打扮的人能给人留下比较深刻的印象。

在服饰的打扮上，必须完全服从国际公认的"T.P.O."原则。

T.（time）指时间，指服饰打扮必须根据时间来决定，是个广义的概念，既指时令、季节，又指具体的月日或星期几，也可具体到一天内的白天、黑夜、钟点、时辰。一个在三伏天还穿着深色长袖制服的人，给人的第一印象不会太好。

P.（place）指场合、地点、场所、位置、职位，即服饰打扮应与所处的场合相协调。

O.（Object）代表着目标、目的、对象，试图通过穿着打扮来达到给对方留下一个什么样的印象的目的，有效地选择自己的服饰。

1987年，美苏两国首脑在华盛顿签署中程导弹的条约。两位第一夫人南希和赖莎的服装就是一次无声的"自我介绍"。当天，两位第一夫人不约而同地穿上了灰色的套装。为改变苏联妇女"货车司机"的形象，赖莎特意在外加了一件红色的 T 恤以突出上下身的比例，令人耳目一新。而南希的套装双肩垫得太浮，收腰又过于夸张，与当时庄重的外交场合不是很协调。南希的服饰明显不符合"T.P.O."原则。新闻媒体普遍认为赖莎的服饰胜过南希的服饰。

从礼仪的角度来讲，着装不能简单地等同于穿衣。它是着装人基于自身的阅历修养、审美情趣、身材特点，根据不同的场合、时间、目的，对所穿的服装进行精心地搭配、选择与组合。具体来说，穿着打扮既要自然得体、协调大方，又要遵守某种约定俗成的规范和原则。服装不但要与自己的具体条件相适应，还必须时刻注意客观环境、场合对人的着装要求，即着装打扮要优先考虑时间、地点和目的三大要素，努力使穿着打扮与时间、地点、目的保持协调一致。

一般来说，服装、发型、饰物、化妆等，都要以美观、大方、入时、合群为准则，既不可不修边幅，也不可浓妆艳抹，更不能身着奇装异服。除此之外，还应同时兼顾以下原则。

（1）搭配得体，要求着装的各个部分相互呼应，精心地搭配，尤其是要恪守服装本身及与鞋帽之间约定俗成的搭配，在整体上尽可能做到完美、和谐，展现着装的整体美。

（2）文明大方，要求着装要符合本国道德传统和常规做法。在正式的场合，忌穿过露、过透、过短和过紧的服装。身体的过分暴露，不但有失身份，并且也失敬于他人，使他人感到不便和尴尬。

（3）个性特征，要求着装适应自身的形体、年龄、职业等特点，扬长避短，并在此基础上创造和保持自己独有的风格，即在不违反礼仪规范的前提下，在某些方面可体现与众不同的个性，但切勿盲目追逐时髦。

在与人交往的过程中，服饰问题是不容忽视的。时下的年轻人都追求时髦，穿着时装往往不考虑时间、地点和场合，根本不重视服装与人脉的重要性。不仅是年轻人太随意，很多人也还不了解着装的规矩，因此，也都忽略了服饰语言。但实际上，在各种场合中，听者的服装往往会给说者带来微妙的心理变化。

有心理学家观察过，假如甲为了个人的感情问题而请教乙，如果乙的服装色调暗淡，那么甲的情绪会产生什么样的变化呢？原本满腹苦恼，想一五一十地说出来，现在却不想说了。这显然与服装有一定的关系。

有位记者就十分注重自己的服饰问题，每次在采访前，她必定先确定对方当天的穿着，然后配合对方，选一套最能与对方搭配的服饰。这种配合方式能拉近彼此之间的距离，也能造成轻松愉快的气氛，让对方能自由地谈话。倘若双方的服装相差悬殊，一个人穿的是唐装，一个人穿的是西装，就可能有碍于采访的工作。

现代社会是一个注重仪表的文明社会。通过服饰语言，可以了解一个人，也可以让他人了解你。我们必须注意发挥服饰在社交和口才中起到的作用。在社交的场合，注重个人着装的人能体现仪表美，得体的衣着打扮可以增强自信力，增加交际的魅力，能赢得对方的信任和尊重，给人留下良好的印象，使人愿意与你深入交往。

眉目巧传"情"

在人们的面部表情中，最传神、最微妙、最动人、最有魅力的莫过于眼神。在人类的肢体语言当中，眼神最能表达情感、沟通心灵。千变万化的眼神，能够表露出人们丰富多彩的内心世界。由此，在与人沟通时，要善于同别人进行目光接触和交流。这不仅是一种礼貌，还有助于谈话的连贯和顺畅进行。

眼睛具有反映人的深层心理的特殊功能。专家研究表明，眼神其实是指瞳孔的变化行为。瞳孔受中枢神经的控制，如实地反映大脑正在进行的一切活动。当瞳孔放大的时候，传达的是诸如爱、兴奋、喜欢、愉快等正面信息；当瞳孔缩小时，传达的则是诸如戒备、消沉、厌烦、愤怒等负面信息。眼睛能够显示出人的喜怒哀乐、爱憎好恶等思想情绪的存在和变化。也就是说，眼神和谈话之间有一种同步效应，眼神总是忠实地反映出说话的真正含义。

在与他人沟通的过程中，"目光语"的运用是一种重要的礼仪行为。目光，主要用来表示对对方的亲切友好和关注的态度，并营造出良好的交谈气氛。一般，人们会根据交谈双方关系的不同，来区别凝视的部位、角度的不同以及时间的长短。

第一，凝视的部位。

（1）亲密凝视，眼神一般集中在对方眼睛和胸部以上这个三角区域，这往往是亲人或恋人之间使用的一种凝视行为。

（2）公务凝视，眼神的焦点落于对方两眼和额头中部之间的三角区域，这一般是为公事打交道的凝视行为。

（3）社交凝视，眼睛看着对方脸上的两眼到嘴唇之间的三角区域，这是人们在社交场合所运用的一种凝视行为，这种凝视行为能够营造出一种很好的"社交气氛"。

第二，注视角度的问题。

注视的角度能够反映出你对他人的态度，因此不可轻视这个问题。在公共场合与人沟通的时候，应该采用正视、平视、仰视、环视（有多人在场时），而不应该采用斜视、扫视、俯视甚至"无视"。仰视能够表示崇拜和尊敬之意；正视、平视、环视则能够体现出公平、平等和自信；而俯视虽然也包含有爱护、宽容的意思，但用错对象，就会让人产生轻视、傲慢的感觉；而扫视、斜视、漠视和无视都是很不礼貌的行为。

第三，注视时间长短的问题。

在跟人交流的时候，注视对方的时间很短或基本不看对方，不管你的主观动机怎么样，都会让对方产生一种被轻视、被冷落的感觉，从而引起对方的反感。这些人往往不懂得眼神在交流中的重要作用，通常不是低着头看地板或盯着对方的脚，就是"顾左右而言他"。实际上，这样会严重地影响交流效果。由于在谈话中，不愿进行目光接触的人，往往会给人一种企图掩饰或隐藏着什么的感觉；目光接触时间很短、眼神闪烁不定的人，会让人觉得他精神不稳定或性格不诚实；而几乎不看对方的人，则会被认为是怯懦和缺乏自信心。

当然，在人际沟通中，也不应该走向另一个极端，那就是长时间地盯着对方看。英国人体语言学家莫里斯说："眼对眼的凝视只发生于强烈的爱或恨之时，因为大多数人在一般场合中都不习惯于被人直视。"

长时间地凝视有一种蔑视和威慑的作用，有经验的警察、法官往往利用这种手段来迫使罪犯招供。由此，在一般社交场合不宜使用长时间注视。同时，长时间地注视，尤其是对异性目不转睛地注视，还有对初识者反复地上下打量，也都是十分不礼貌的行为。

在人际交往中，注视时间的长短，通常取决于双方关系的亲疏和你对对方重视的程度。

在和熟人、故交或比较重视的对象交流时，注视对方的时间要长一点。而在与陌生人的交流中，不应该直视对方，而应首先平视对方一眼，然后自然地转视他人或四周，避免形成相互对视；而在平视对方时，以散点柔视为佳，目光要柔和、亲切、坦诚、真挚，不要以探询的目光逼视对方，也不能使用那种"一眼看穿"式的眼神，还应同时报以微笑、点头、问候或握手，以迅速地拉近彼此之间的距离。在这一沟通过程中，眼神不要保持"始终如一"。

自始至终地保持同一种眼神，即使是亲切的目光，也会让人感觉做作与虚伪。真诚地与人交流时，眼神会自然地产生某种变化：见面握手、问候，目光亲切、热情；与人交流时，要把握好目光接触的分寸；询问对方的身体及家庭情况时，目光中会充满关切；征求对方的意见时，应采用期待的目光；当对方表示赞同、支持、合作时，目光自然转向喜悦；对方带来意外的好消息时，应当报以惊喜的目光；对方侃侃而谈时，你应始终投以关注的目光，即使对对方的谈话内容不太了解或不太感兴趣，由于这是礼仪规范最起码的要求；当对方发表了启发性的真知灼见的时候，要会意地递去赞赏的目光；如果谈话中需要打断对方谈话插话时，要首先报以歉意的目光；起身送客时，也要用关照的目光"目送"对方。

在人际交往中，一个人的眼神，通常会影响对方对你的第一印象。一个人目光清朗，让人觉得他坦诚、正直；而目光闪烁的人，则会让人觉得他心虚、神秘。一个人目光炯炯，会给人留下身体健康、精力旺盛的印象；而目光迟滞的人，留给人的印象是衰老、虚弱。一个人目光如炬，会让人觉得他有远见卓识；而目光如豆的人，会让人觉得他见识短浅、能力低下。

在人际交往的领域，目光和眼神的作用非凡。在与人沟通的时候，善于最大限度地运用眼神和目光的表现力，不但能够显示出个人的礼仪和修养，还能促进双方的交流和进一步的交往。

在人际沟通中，如果你想在和对方的争辩中获胜，那么，注意不要使用闪烁的目光，不要轻易地把目光移开，这样能够表示出你的坚定。如果你想给对方留下比较深刻的印象，那么，你凝视对方的目光就需要长久一些，以此来表现出你的自信。如果你和他人碰面，面对他人的眼光觉得很不自在，你就应该把目光移开，减少不快的感觉。如果你在和对方谈话时，他表现出漫不经心、时不时地还会出现闭眼的姿势，你应该知趣地暂停你的谈话，即使你还需要进一步的沟通，也要懂得随机应变；如果你想和他人建立良好的默契，应该用说话60%～70%的时间来注视着对方，并且选择注视对方的两眼和嘴之间的三角区域，这样信息的传递，才会被正确而有效地理解。如果你想在和他人的交往中获得成功，那就应该采用温和、期待的目光，面带浅笑，不卑不亢。

在人际的交往中，目光接触和眼神交流发挥着信息传递的重要作用。在与人交谈时，我们一定要善于利用这一重要的肢体语言，达到交际的最终目的。

在交谈时运用恰当的手势

手势是人类最早使用的、至今仍被广泛运用的一种肢体语言。

在长期的社会实践中，手势被赋予了种种特定的含义，具有丰富的表现力，成为人类表情达意有力的手段之一，在肢体语言中占有重要的地位。手势的"词汇量"在肢体语言当中十分丰富，是人与人之间交往中的第二张面孔。在交往的过程中，如果能够恰当地使用手势，就能帮助你更好地和他人进行沟通，使你的谈吐更有魅力、更加动人。

一般情况下，手势的表意功能可分为模拟性手势、情绪性手势、指示性手势、象征性手势和礼仪性手势五种类型。

（1）模拟性手势。模拟性手势是指比画事物形象特征的手势动作。比如，抬起手臂比画一个人的高矮，伸出拇指、食指构成一个圆圈比画鸡蛋的大小，抡起胳膊侧身往后模仿骑马等。模拟性手势在一定程度上能使听者如见其人，如临其境，由于它往往还带一点夸张的意味，因而它还极富有感染力。

（2）情绪性手势。它是伴随着说话人情绪的起伏而发出的，往往用来表达或强调说话人的某种思想感情、情绪、意向或态度。比如，高兴时拍手称快，悲痛时捶打胸膛，愤怒时挥舞拳头，悔恨时敲打前额，犹豫时抚摸鼻子，着急时双手相搓。通常来说，用手摸后脑勺则表示尴尬、为难或不好意思，双手叉腰表示挑战、示威或自豪，双手摊开表示真诚、坦然或无可奈何，扬起巴掌猛力往下砍或往外推，表示坚决果断的态度、决心或强调某一说词。情绪性手势是说话人内在的情感和态度的自然流露，经常和表露出来的情绪紧密结合，鲜明突出，生动具体，通常能给听者留下深刻的印象。

（3）指示性手势。指示性手势是用来指示具体对象的手势动作。比如，用手指自己的胸口，表示谈论的是跟自己有关的事情；伸出一只手指向某一座位，是示意对方在该处就座。指示手势还可以用来指点对方、他人、某一事物或方向，还可以表示数目、指示谈论中的某一话题或观点等等。指示性手势可以增强谈话内容的明确性和真切性，便于及时掌握听者的注意力。

（4）象征性手势。象征性手势是表示抽象意念的手势动作。这种手势一般具有特定的内涵，使用十分普遍。

在第二次世界大战期间，英国首相丘吉尔推广的一种象征胜利的"V"形手势（伸出右手的食指和中指构成"V"字形状，余指屈拢）。19世纪初，风行于美国而后在欧洲被普遍采用的表示良好、顺利、赞赏等意思的"OK"手势（大拇指与食指构成一个圆圈，其他三指伸直张开），就是属于象征性手势。在我国，举起握成拳头的右手宣誓表示庄严、忠诚和坚定；少先队员们将右手举过头顶象征人民的利益高于一切；跷起大拇指表示称赞、夸奖；跷起小指表示贬斥、蔑视。象征性手势能给沟通过程中制造特定的气氛和情境，从而加强沟通的效果。

（5）礼仪性手势。它是指在人际沟通中用于致意、表示礼貌的手势动作。比如，当双方见面握手致意，表示礼貌热情；携手并肩表示亲切友好；挥手相送表示依依惜别；鼓掌致意表示欢迎、赞扬与支持等，它是人际沟通中不可或缺的交际工具。需要注意的是，前面四种手势的划分并不是绝对的，有时候，一个手势可能包含几种意义。比如，要去"拥抱明天，拥抱未来"可能会激动地撒开双手向前伸出，这既是一种情绪的自然流露，又带有指示或象征的意味。

运用手势的场合很多，在人际交往中，手势包括扬手、拱手、招手、摆手、摇手、伸出手臂或手指等动作。不论是哪一种手势动作，都要做到有感而发，准确、自然、优雅而不生硬，还要从实际出发，使动作恰当而简明地说明问题，表达感情。运用手势时还应与人的眼神、面部表情相结合，这样才能恰如其分地表达手势的真正意义。

当使用必要的手势辅助语言表达时，应遵循以下原则：简洁明确，不滥用手势，让人辨别不清你的手势的含义；幅度适度，手势使用要自然，一般以小幅度为宜，假如手势幅度过大、使用频率过多，会显得浮躁张扬，不够稳重；自然得体，不要刻意设计模仿，否则有可能虚假失真；和谐统一，使手势动作与自己的谈话表情要和谐一致，有助于思想意识的正确表达。

在现实生活中，有很多人在运用手势时存在着不少不良的习惯，比如，兴奋时的手势显得忘乎所以；遇到为难的事或着急的事情，就当众抓耳挠腮；与他人谈话时，边讲边挠痒、搔头皮；在人多的场合，指手画脚、拉拉扯扯；说话时，反复使用一种手势，令人感到单调乏味。有一定文化修养、风度高雅的人，在人际交流场合应当十分注意手势的运用。与人交谈时，要留心控制自己的双手，不随便乱动，以保持文雅的风度。

由于手势具有具体、鲜明、形象、动作幅度较大的特点，因此，在辅助表情达意、增强沟通的吸引力等方面，具有特殊的功能。潇洒的手势，最主要的特征是协调、适度，给人以美感。然而许多的谈话者并不重视手势的运用：有人在说话时表现得十分机械，要么两手直立下垂，要么随意站着，缺乏必要而合适的手势动作；有的人虽然使用了手势，但并不潇洒，也没有什么变化，只是机械地比画几下，或一直重复一个习惯性的动作；有的人在沟通时动作过多，令人眼花缭乱，手势非常的夸张，让人感到滑稽、别扭。殊不知，不规范、缺乏审美感的手势，不但对沟通起不到积极的作用，反而会分散他人的注意力甚至使他人感到厌烦。

总之，在人际交往时恰当地使用手势，能够增强语言表达效果和感染力，增加谈吐的魅力。要想成为一个交际高手，必须重视手势的特殊作用，积极规范自己的手势动作。

举手投足尽显风采

举止风度是一个人在运动状态下的亮相。它包括坐立行走、举手投足、喜怒哀乐所表现的各种行为姿态，被人们称之为心灵的轨迹。

歌德说，行为举止是一面镜子，人人在其中显示自己的形象。任何人如果在举止上缺少文雅和稳重，都将因失于深沉、流于浅薄而失去人们的喜爱。如果你想拥有好人脉，就一定要使自己的举止行为规范化，要优雅大方、稳健从容、表里如一、不卑不亢。

坐立行走要文雅大方。无论在什么场合，你都应自觉地保持一种良好的坐姿，以显示自己应有的文明素养。工作时，要精力充沛，给人一种振奋昂扬的印象；切忌东倒西歪，萎靡不振。此外，你还要养成正确的站立姿势，举行公关活动时一般都要站着讲话，这既体现了文明礼貌的素养，而且也符合国际惯例。由于站立的时候，显露的部位比较大，因此，更要注意站立的姿势。在大会上，要大大方方地起立致意，不要弯着腰、扭着身、束手束脚，要做到从头到脚成一线。行走时步伐要从容稳健，不要摇头晃脑、东张西望、勾肩搭背。

举手投足要自信亲切。在社交场合，你的一举一动，都要自然而庄重，既不摆架子、指手画脚、盛气凌人，又不唯唯诺诺、畏首畏尾、诚惶诚恐；而应当不卑不亢、优雅潇洒、落落大方、自信威严。否则，就会给他人留下一种不太好的印象。

公元前 703 年，曹太子去朝见鲁国国君，被待以上卿之礼。在欢迎宴会上，曹太子忧郁叹息，引起鲁国大夫施父的不满。曹太子的失态不仅有损于个人形象，更重要的是他在两国交往中埋下了阴影。历史上，这种在外交公关时因举止失仪而招致害国之事并非鲜见。在外交方面，个人的言行举止往往被看作是国家对某事、某国的一种态度、政策，因而绝不能因个人喜忧而轻率从事。

在人际交往中还必须对自己的事业和能力有充分的信心，而举手投足间正是体现人们这种自信的时候。

喜怒哀乐要深沉有度。每个人都是社会中的一员，也必有喜怒哀乐，但是在公共场合中，个人的喜怒哀乐不仅代表自己的情绪，还将影响公众的情绪，因此，要有理智地加以控制。

人们在公共场合中必须有自己独特的喜怒哀乐的方式。深沉的喜爱，除了友好的动作外，更体现在爱护、关切、由衷赞赏与喜悦的神情和目光上，要控制过分激烈、狂热的行为；深沉的愤怒，不在于说话声调的高低与强弱，而在于内心表现的威严和怒斥的神情，无声的谴责有时要比声嘶力竭的抗议更有力；深沉的悲痛，不是泪流满面地号啕大哭，而是用理智把握感情，化悲痛为力量；深沉的快乐，无须狂欢乱跳，而应当充满激情，将之化为持久的动力，更好地开展工作。

在社交场合，人们不仅要注意自己的举止风度，而且更应该从理想、情操、思想学识和素质上努力完善自己、培养自己，使外在举止风度美的绚丽之花开在内在精神美的沃土之上。

"桃李不言，下自成蹊。"举手投足间尽显迷人风采的人们必然会以其优美的举止言谈、高尚的品德情操，赢得更多人们的喜爱，从而拥有更为丰富的人脉资源。

用礼貌表现出良好的个人修养

社交场合见面时有其他人在场，主人为你介绍时，你应当如何表示才算合乎礼节呢？一般说来，介绍时彼此微微点头，互道一声：某某先生（或小姐）您好！或称呼之后再加一句"久仰"便可以了。介绍时坐着的应该站起来，互相握手。但如果相隔太远不方便握手，互相点头示意即可。随身带有名片时也可交换，交换时应双手奉上，并顺便说一声"请多多指教"之类的客套话。接名片时也应用双手，并礼貌地说一声"不敢当"等，自己若带着也应随后立刻递交对方。如果你是介绍人，介绍时务必清楚明确，不要含糊其词。比如，介绍李先生时最好能补上一句"木子李"或介绍张先生时补一句"弓长张"等等，这样使对方听起来更明确，不容易发生误会。如果被介绍的一方或双方有一定的职务时，最好能连同单位、职务一起简单介绍。像"这位是某某公司的业务经理某某同志"，这样可使对方加深印象，也可以使被介绍者感到满意。

外出、旅游或者初到一个陌生的地方，可能会有地址不清或对当地的风俗习惯不了解，这就需要询问别人。要想使询问得到满意的答复，就要做到这样两点：

一要找对知情人，主要是指找熟悉当地情况的人。比如，问路可以找民警、司机、邮递员、老年人等。二是要注意询问的礼节，要针对不同的被询问者和所问问题区别对待。比如，询问老年人的年龄时可适当地说得年轻一些，而询问孩子的年龄时则应当大一些；询问文化程度时最好用"你是哪里毕业的？""你是什么时候毕业的？"等较模糊的问句等。注意询问时不要用命令性的语气，当对方不愿回答时就不要追根问底，以免引起对方不快。

请求别人的帮助时，应当语气恳切。向别人提出请求，虽无须低声下气，但也绝不能居高临下态度傲慢。无论请求别人干什么，都应用"请"字当头，即使是在自己家里，当你需要家人为你做什么事时，也应当多用"请"字。向别人提出较重大的请求时，还应当把握恰当的时机。比如，对方正在聚精会神地思考问题或操作实验，对方正遇到麻烦或心情比较沉重时，最好不要去打扰他。如果你的请求遭到别人的拒绝，也应当表示理解，而不能强人所难，更不能给人脸色看，不能让人觉得自己无礼。

第二课

赢在第一印象

一个形象邋遢、说话语无伦次的人很少能赢得较好的第一印象；一个说话没有涵养、举止不修边幅的人很少能拥有好人脉。

第一印象极其重要

人际交往的第一步往往从结交陌生人开始。珍惜并注意给人们留下完美的第一印象，有助于你拥有一个好人脉。因为第一印象永远不能改变和磨灭。

人们的社交范围不会仅仅局限于熟悉的人或环境。每天，人们在参加宴会、乘车坐船、住宿旅游等场合，都不可避免地会与陌生人交往。

而在人际交往中，人们历来都很重视给对方留下良好的第一印象。这是由于给他人的第一印象对一个人形象的形成起着先入为主的作用。人脉专家认为，良好的第一印象，既是一张很好的社交名片，又是一张很有权威的介绍信。

时髦的"8分钟约会"集征婚与游戏于一体，把爱情化解为数学上的排列组合。在最初见面的7秒钟里，大部分人就已经作出了是否与对方继续交往的决定，某些人甚至只需3秒钟，因此，我们将它称为人际交往的7秒钟原则。

一个人假如在与别人交往时，没有把握好这7秒钟，第一印象肯定不好，如要挽回，需要付出很大的努力，这一点每个人都要引起足够的重视。

（1）要有良好的第一印象，请注意自己的装扮。

很多大公司对自己职员的装扮都制定了统一的"标准"，所谓标准自然不是指穿着好看或指定某种衣料服饰，而是"观感"的"水准"。

人脉专家们认为，人们在参加社会活动之前对衣饰应注意六点：鞋擦干净了没有；裤子拉链拉好没有；衬衫扣子扣好了没有；胡子刮过没有；头发梳好没有；衣服有皱褶没有。

有一家保险公司的市场调查人员发现，他们对农民进行劝说让其买保险时，穿戴整齐比穿着不整者业绩上好得多。由此可见，虽然农民们由于职业的原因，无法像职业人员那样衣冠楚楚，但对穿着整齐的人，总是较有信赖感的。

所以，任何人都不要过分嘲笑"先敬罗衣后敬人"这种社会风气。我们进行应酬时，应该重视一下现实，要推己及人；否则，迟早要遭遇一些不必要的失败。

（2）放松心情。要使他人感到轻松自在，前提是自己就必须表现得轻松自在。

无论遇到多么严重的事情，心理上都要尽量放松。学点幽默，不要总是神色严肃，或做出一副永远苦闷的样子。因为对方并不是总愿挨批评或做你的出气筒。你应该把心情放松一下，否则他人会对你感到厌倦。

当然，笑容也十分重要。最好的笑容要求目光接触都是温和自然的，并不是勉强做出来的。

还有就是保持自我本色。那些懂得与人交往的人，永远不会因场合不同而改变自己的性格。保持真我，保持最佳状态的真我才是给人留下美好印象的秘诀。不管是与人亲切交谈，还是发表演说，都要保持自己的本色不变。

（3）善于使用眼神、目光。无论你是跟一个人还是和一百个人说话，一定要记住眼睛始终望着对方。

当你进入一个坐满了人的房间时，应自然地举目四顾，并且要微笑着用目光照顾到所有的人，不要避开众人的目光，才会使你显得轻松自若。

（4）注意发挥自己的长处。当你能够充分地发挥自己的长处时，他人就会很乐意跟你在一起，并容易同你合作。

一个人要了解自己，把握自己的特点，如外貌、说话速度、精力、声音的高低和语气、动作、手势、神情以及其他吸引他人注意的能力等。要知道，别人正是根据这些特点来形成对你的第一印象。由此，在人际交往中，要充满自信，并尽可能发挥自己的长处。

（5）积极求同，缩短距离。人际交往中有个重要的原则：相似性原则。

双方只要在观点、志向、兴趣、爱好，甚至年龄、籍贯、服饰等方面有相同之处，通常可以缩短彼此间的距离，改善陌生感。

常言道：亲不亲，故乡人；美不美，故乡水。在初次交往中，积极寻求接近的共同点，会给他人留下良好的第一印象。

掌握以上技巧，你就会在社会交往中树立自己的良好第一形象，就会有更多的朋友乐于与你交往。

良好的第一印象是交往成功、和谐人脉的良好开端。因此在与人的初次交往过程中，要注意给人留有良好的第一印象。

和陌生人交朋友

一回生、二回熟，大家都知道这个道理。"两回"不难，要说难，就难在第"一回"。难在面对的是陌生人，不知该从什么话说起，不知该说什么话，不知该说的话会不会让人听了不悦……

大部分人在陌生人面前都会表现出一种语言怯生抑郁症。

戴尔·卡耐基在他的《人性的弱点》中提到了人脉的抑郁症。是什么导致抑郁？是怯生。怯生会使平时能说会道的人舌头打滚、语无伦次，越想把话说得尽善尽美，越是说得词不达意。这就像一个初次登台的演唱者，准备得越充分，演唱效果越是打折扣一样——怯场所致。

怯生的原因是人的自卑心理在作怪。很多人到一个陌生的环境感到很不适应，其主要原因就是担心在与陌生人进行语言沟通时说错话而被人耻笑。这种自卑心理自然会使他们经常无端地默默指责自己某个时刻某句话说得唐突了，因而破坏了与他人沟通的气氛；在陌生人面前一部分人考虑再三，战战兢兢地仅说一两句话居然还是没办法表达得十分流畅自然，真是恨不能咬掉自己的舌头。可是，这种"自恨"只能使自己更紧张，丝毫无助于沟通能力的提升。

为了避免由于怯生而给语言交流造成尴尬，拓展人脉，大家可采用以下几种方法来实现与陌生人的完美沟通。

（1）轻松探微法

假如你想结识一位陌生人，有时只需抓住对方工作或生活上的某个细节，就会很顺利地叩开双方的沟通之门。

你可以用眼睛的余光打量一下身边的陌生人，看看他们是否有比较特别的地方，比如，对方穿着上是否有异族风情的配饰；对方使用的手机款式让你十分的青睐；对方所抽香烟的牌子……谈论这些细节很可能立刻吸引对方的兴趣。聊天的话题最好选择节奏感轻松明快的、无须费尽思量的话题，这样别人就不容易对你的搭话产生反感情绪了。有时，即使无语，只需向对方报以会心的一笑，也会拉近彼此的距离。

假如与陌生人初次搭话顺利过关，就给第二次见面进一步的沟通做好了铺垫；再次见到对方时，你就不妨直呼对方的名字，讲一些无伤大雅的笑话。但不管讲什么，话都宜少不宜多，话一多，露了怯，你就很难赢得对方的尊重了。

当对方有意与你沟通时，无论对方的话是对是错，切忌否定对方，毕竟你们还不是很熟。一旦对方的话被否定，沟通就很难继续进行了。

（2）问话探路法

你可以试着把对方假设成一般的过路人，然后像问路一样，找一些自己心里有数却假装不知的问题请对方来回答，这样你就会取得双方交流的主动权。无论对方的回答对与错，你都需认真地洗耳恭听。即使对方说错了，你也应该"将错就错"地表示谢意。因为，这种问话探路的目的并不是要找到什么答案，而是为了打开你与对方语言交流的闸门。

一旦你们之间对话的闸门被打开，顺流而下，原先那种陌生感就会自然消失。

通常很少有人会拒绝一个陌生的虚心请教者。只要对方乐意搭你的话，你所预期的社交方案便已成功了一半。当然，这种方式听起来似乎有点虚伪，但对怯生者来说，却不失为树立自信心的有效方法。

（3）开门见山法

假如你通过他人介绍与一个陌生的群体初识（或你刚到一个团队上班），你所面对的是很多陌生的面孔。这时，你的心跳甚至会比参加应聘面试时还要快。尽管这些新面孔都和蔼可亲地纷纷围上前来，主动与你搭话，但你依然紧张得手心出汗不止，搜肠刮肚也找不到一句恰当的话。

当你遇到这样的情况，心里不要有顾虑，更不要回避大家的提问。俗话说："一回生，二回熟。"假如第一次你就怯生不语，那根本不会有第二次相熟。由此，你要想尽快地与一个群体相熟，不说话是不行的，但说话也要看怎么说。面对你一言我一语的探问，你千万别忙着去应答任何一个问题，这样你就很容易失去语机，由于你还没答完第一个问题，第二个、第三个问题就又在等着了。

为了使自己更有效地把握好与陌生群体对话的语机，你可以采取几种开门见山的"开场白"。比如"初来乍到，请大家多关照"；"今后我们要一起共事了，我有什么不妥之处，还请各位包涵"；比如"作为新人，能得到大家如此热情的迎接，我真是感动不已"；"很高兴认识大家"……

对一个陌生的群体来说，你的故意回避或有问不答，都被视作对这个群体的拒绝；当然，也别忘记一个人说话太多也难以让陌生的群体所接受，并且还会让人感到害怕。第一印象是带有根本性的，假如你没有管好自己的嘴，在一个陌生群体当中出现"失言"或过分表现自己所谓的口才，那么，你在这个群体当中会很难生存。

"一回生、二回熟"，你一定要克服自卑的心理，改变自己在陌生人面前怯生的懦弱性格，并且掌握一些与陌生人搭话的技巧。这样，你很快就会与陌生人熟识起来，从而拥有更广阔的人脉资源。

寒暄是一种重要的礼节

寒暄是人际交往的一种手段，是沟通彼此感情，创造交谈气氛的一种方式，同时也是一种很重要的礼节。

寒暄的内容一般与正题无关，寒暄的任务主要是造势，在交谈前创造一个有利于交谈的气氛，这是由于人们往往不愿意过早地触及实质性的问题。实质性的问题提出的过早或过晚都是很不利的。

有的人认为，寒暄只是人们碰面的时候打个招呼而已。而事实上，对于初次见面的人来说，寒暄的内容和方法是否得当，很有可能决定交际的成败。陌生人初次见面的时候，常常是无话可说，为了消除彼此之间的陌生感、缓解紧张的气氛，可以先谈一些与正事无关、但大家都熟知的话题，比如天气、社会新闻等，这样一来，就能迅速地拉近彼此之间的距离，营造出一种亲切友好的气氛，为之后深入地交流沟通打下良好的基础。

寒暄看似很简单，也没有什么固定的程式，但要恰到好处地运用并充分发挥其作用，却要花点工夫。那么，面对陌生人，如何恰如其分、颇有成效地进行寒暄呢？

（1）寒暄要积极主动。在与陌生人进行寒暄之前，要迅速培养自己的愉快情绪，积极主动地跟对方寒暄。这样不但能够表现出你对他人的尊重，还能向他人充分展现自己真诚和进一步交谈的良好诚意。同时，积极的姿态也能充分地展现你的自信和易于合作的个性。

（2）要善于选择话题。社会学家研究表明，在与陌生人相见的最初四分钟里，只适宜做一般性的寒暄，比如，问候、互通姓名以及谈论一些无关紧要的话题。这时，应绝对避免提出容易产生争议的话题、不易回答的问题以及大而无当的话题。寒暄的基本原则是表现出自己的亲和力，让人感觉到自己的关心。

（3）要注意寒暄时的表情、姿势和语气，微笑在人际交往中的重要作用是众人皆知的。因此，在寒暄的时候，一定不要忘记展露你真诚的笑颜。此外，还要注意保持优雅的姿势，上身挺直，和对方保持目光的接触。

寒暄时的语气要轻松而柔和、富有感情，就像家中茶余饭后的闲谈一样，让对方消除戒备的心理和紧张不安的情绪。

（4）寒暄时要有礼貌。在与人初次见面的时候，礼貌的寒暄是必不可少的。在寒暄的时候表现得谦恭有礼，说话文雅礼貌，才能给初识的人留下一个良好的印象。

（5）在成功地营造出融洽的气氛之后，要及时转入到正题。由于适当的寒暄可以缓和、营造气氛，而过多的寒暄则会让别人觉得你热情过度，从而引起他人的反感，影响交流的效果。

寒暄本身并不表达特定的意义，但它是人际交往中不可或缺的一部分。寒暄就像一把打开话匣子的钥匙，寒暄能使不相识的人相互认识，使不熟悉的人相互熟悉，使沉闷的气氛变得活跃。在正式交谈开始之前，几句恰到好处的寒暄，就能表露出你对初次见面的人的关心，很快赢得陌生人的好感，获得陌生人的认同，达到沟通感情的目的。

由此可见，寒暄并非可有可无的，而是人际交往沟通中的一个组成部分。一般交际都有几个阶段：寒暄、破题、开场交谈、结束。而寒暄是交际的起始阶段。"良好的开端是成功的一半"，寒暄如同火力侦察。通过寒暄，可以迅速了解对方的个性性格。大凡友好的交际通过寒暄，就能迅速建立起一种友好轻松愉快的气氛，消除对方的猜疑、警惕、紧张的心理，这对以后诚恳的洽谈，互谅互让，友好地达成协议有重大的作用。如果双方的气氛冷淡、关系紧张，则可能意味着交谈不会取得什么结果。

说好你的开场白

大家都知道文章开头最难写，而与人们交往时开场白也同样最难把握。倘若与人交往时能够有一个好的开场白，便不难收到良好的效果……

在人际交往中，我们经常要与陌生人打交道，初次见面时给人的第一印象也最为关键。两个萍水相逢的陌生人，要想在短时间内消除彼此之间的陌生感、拉近彼此之间的距离，说好第一句话至关重要。在交谈的过程中，这第一句话也就是你的开场白。可以说，说好了开场白，你也就拥有了一把打开陌生人心扉的钥匙。

下面介绍几种开场白，只要你能灵活地掌握，并且能很好地运用，就能在人际交谈中收到立竿见影的奇效。

（1）与众不同的开场白

听众的心犹如一扇暂未打开的门，门上锁着一把重重的大锁。如果你能引起他的兴趣，心门就容易打开；如果你落入俗套，心门随之也会锁得更紧。

出生于湖南凤凰的沈从文，第一次到上海公校讲课，因为紧张，他在讲台上足足站了10分钟，仍然没有开口。最后，沈从文在黑板上写道：我第一次上课，见你们人多，怕了。这个别出心裁的开场白，引起学生们善意的笑声。于是紧张的气氛缓和了下来，沈从文开始侃侃而谈。而他的那堂课也给学生留下了深刻的印象。

（2）生猛型开场白

古龙武侠小说中，小李飞刀的传人叶开刚刚踏入江湖时，对人家自报家门时说："我叫叶开，叶是树叶的叶，开是开花的开。"到了后来再见到陌生人，他的开场白就改成："我叫叶开，叶是叶开的叶，开是叶开的开。"那时江湖上已经无人不知叶开的大名。

让人们觉得印象深刻的，无疑是叶开后面的这句自我介绍，用自己的姓自己的名而不借助于其他词语来解释自己的姓名。

人的一生，要遇到很多陌生人，而陌生人相聚，免不了要自我介绍。人们从小到大，会有很多次自我介绍和听别人自我介绍的时候，通常是自报姓名和职业，如是生僻的字眼或者行业，则要向对方多解释几句，方式大同小异，了无新意，都不如"叶开"这么别开生面。

（3）坦白说明自己的感受

你可能在舞会上对自己嘀咕：我太害羞，与这种舞会格格不入；或是刚好相反，你认为许多人讨厌这种舞会，但是我很喜欢。无论如何，你应该将你的感受向第一个愿意听的人说出来，这个人可能就是你的知音。坦白地说出"我在这里一个人也不认识"或"我不知道该讲些什么"，总比让自己显得拘谨、冷漠好得多——最健谈的人就是勇于坦白的人。

某次小张访问一个电脑专家。通常小张对这类的访问都应付自如，但这次他发觉自己结结巴巴，不知如何开口。最后小张说："不知为什么我对你有点害怕。"专家听完哈哈大笑，随后大家就谈得自然起来了。

（4）谈谈周围环境

如果你十分善于观察，你自然会找到谈话题目。

有一次，一个陌生人审视周围，然后打破沉默，开口跟小王说："在候车站上可以看到人生百态！"这就是一句很好的开场白。

万事开头难，但是只要开了个好头，下面的事情就顺理成章了。一个好的开场白会使你在他人面前留下良好的第一印象，为你拓展人脉打下坚实的基础。

说好你的开场白，能够赢得对方的好感，迅速地拉近彼此之间的距离，甚至让对方对你产生一见如故的感觉。

恰当地称呼初次见面的人

在和他人初次见面的时候，学会用恰到好处的称呼，就能消除彼此之间的陌生感，迅速拉近双方之间的距离。

称呼是指在人际交往中人们彼此之间所采用的称谓语。有人也许会说，谁不会称呼别人呀？实际上，这里面还是大有学问的。如何称呼别人，既是礼貌问题，又是态度问题。并且使用称呼的得当与否，人们还是相当敏感的。在与陌生人的初次交往中，称呼甚至能决定交际的成败。称呼得当，他人自然乐意与你交往；称呼不当，就会给交流设置障碍，从而导致交际的失败。

那么，如何在交际中恰到好处地称呼他人呢？一般要注意以下几种关系：

（1）场合关系。同一个称呼，在有些场合中使用就合适，换一个场合就不太合适了。比如，在一般的场合叫"爷爷"、"妈妈"，自然而亲切，叫"祖父"、"母亲"，就生硬别扭；如果在一些比较庄重的场合，则以后者为宜。又如，一个人兼有几种身份，对他的称呼也要因时因地制宜。

（2）地区关系。中国幅员辽阔，方言土语繁多，即使是同一个称呼，也因地区不同而含义迥然。比如"侉子"这个称呼，南方有些地区指体魄健壮的男子，是敬重夸赞的称呼，而北方人习惯于把"侉子"与粗俗野蛮联系在一起。因此，来到异地他乡，不了解当地的方言土语，还是以"同志"相称比较妥当。

（3）时代关系。有些称呼带有旧时代的烙印，有剥削阶级思想意识的痕迹。比如"剃头的"、"伙夫"、"戏子"之类，都有轻蔑的含义，应该淘汰，而改称为理发员（或理发师傅）、"炊事员"（或厨师）、"演员"（或文艺工作者）等。

不过另有一些称呼，如"先生"、"小姐"、"阁下"、"陛下"，在某些场合使用起来还是很得体的。由于各国社会制度的不同，在外事的交谈过程中，称呼的使用要顺应对方国家的习惯。

（4）等级关系。当代社会中的等级关系，虽然不同于森严的封建等级，但是用合适的称呼体现出上下长幼，以示亲切或尊敬，也是十分必要的。对年长者、知名人士要用尊称；对上级领导者或其他单位负责人可称其职务；对职务低于自己的，也要选择有敬重含义的称呼，一般不宜直呼其名。

（5）心理关系。同样的称呼，有人乐于接受，有人则讳莫如深。渔民忌"沉"字，假如他正好姓陈，你若"老陈老陈"叫个没完没了，他肯定会很不高兴。同样是 30 岁的人，有人乐于被称为"老张"、"老李"，而对于正在寻找伴侣的 30 岁的人，不妨叫他"小张"、"小李"。

曹禺剧作《日出》的顾八奶奶，唯恐别人说她老，不识相的福生当她面说："怪不得她老人家听腻了，您想，她老人家脾气也是躁一点，再者……"没等说完，惹得顾八奶奶火冒三丈，呵斥道："去！去！去！什么'她老人家、她老人家'的，我瞅见你就生气，谁叫你进来给我添病？"可见，称呼的不妥，会引起对方的不快，必将会影响交谈的效果。

（6）褒贬关系。有的称呼本身就带有明显褒奖的感情色彩，如"老厂长"、"老模范"、"老同志"等。称呼别人的绰号，有时有亲切感，如陈赓将军就喜欢别人称他为"小木瓜"等；以别人生理缺陷为绰号，是对别人人格的侮辱，是缺乏教养的表现；然而在恋人的称呼中，常有"傻瓜"、"坏蛋"之类，不但不会引起反感，反而让人极其喜欢，这是表达特殊感情的特殊称呼。

（7）主次关系或先后关系。在同时需要对不止一个人进行称呼的时候，一般来说应有个顺序，先长后幼、先上后下、先疏后亲。

1972年2月21日，周总理宴请尼克松一行时的讲话，开头是这样的："总统先生、尼克松夫人，女士们、先生们、同志们、朋友们！"这一系列称呼，既恰当，又排列有序。

恰当的称呼还应考虑对方的身份。比如，一位在田里赤膊劳动的上年纪的农夫，你称他为"老大爷"较为适宜。若称之为"老先生"，似乎就含有讽刺的意味；反之，在校园中，遇到一位夹着讲义从教研室出来的上年纪的女教师，你若称她"老大娘"，也容易引起对方的反感。

只要我们对以上的事项多加注意，就能在和陌生人初次交往时显得得体、有分寸。

一般来说，在比较正式的社交场合，称呼陌生男子，不论其婚否，可统称其为"先生"；称呼陌生的女子，则应根据其婚姻状况给予不同的称呼：称呼已婚女子，用其夫姓称呼其为"某太太"，如果对方身份较高，则应称之为"夫人"；称呼未婚女子，应统称为"小姐"；如果不清楚对方的婚姻状况，最好还是称呼对方"小姐"或"女士"比较稳妥，不管她是16岁还是60岁。称呼新结识的教育界、文艺界的人，一般可敬称为"老师"。在非正式场合向陌生人问讯时，为了表示亲近，可以用亲属的称谓称呼对方，如"叔叔"、"阿姨"、"老伯伯"、"老奶奶"等。

在与陌生人初次见面的时候，恰当准确的称呼是十分重要的。这样不仅能够体现你对对方的尊敬或与对方的亲密程度，还能反映出自身的文化素质，从而迅速地拉近双方之间的距离。

准备好话题

在和陌生人的交谈过程中，要学会没话找话的本领。"找话"，就是"找话题"。就像写文章首先要起个好题目一样，找到了好话题，才能使初次的谈话顺利展开并在融洽的气氛中进行。

要想在初次交谈中谈得投机，双方就必须确立共同感兴趣的话题。有人认为，两个素昧平生的人，初次见面，哪有什么共同感兴趣的话题？这就需要你在一开始见到陌生人的时候就仔细观察对方，洞幽烛微、由细微处见品性，把所获得的种种细微的信息进行分析研究，将其作为和对方交谈的基础。

在聚会上，坐在你身边的陌生人可能会成为你的新伙伴。这是你结识新朋友的一个绝好的机会，你一定要主动地寻找话题与对方交流。寻找话题的方式可以有很多种，没有哪个是最好的，关键是选择一个适合自己的方式。

由介绍自己开始。如果你很内向、很腼腆，那么在参加聚会之前就要在脑子里先想想，自己在陌生人面前怎样做自我介绍。

借题发挥。在参加宴会时，如果你已经从主人那里了解了对方的个人信息，你就可以借题发挥。如果对方是个球员，他的球队昨天比赛获胜了，你就可以说："我知道你的球队在昨天的比赛中获胜了，一定很精彩吧，能否向我介绍一下当时比赛的具体情况呢？"对方一般都会很高兴地向你娓娓道来。

提出问题。我们可以把这种谈话视为投球、接球的动作，而许多难忘的谈话也都是由一个问题开始的。比如：你问对方："您每天的工作情况怎么样？"通常人们都会热心地回答。而对较内向、看来羞怯的人，不妨多发问，帮助他把话题延续。如果你对他根本不了解，你可以这样询问："您是住在这个城市呢，还是游客？"从他的回答中，你就可以获得开始的话题了。他可能也会问你住在哪里、从事什么职业等。非常简单，但你要注意给别人一个说话的机会，千万不要一个人滔滔不绝。

与刚认识的人进行交流，最好的办法就是从一个话题到另一个话题试着说。如果一个话题不行，没说几句就无话可说了，那就立刻再试试下一个。

讲自己的经历。你也可以讲述你的一些有趣的经历，或你曾经做过的事情，或想做的一些事情，比如修整花园、计划旅行，或其他彼此都非常熟悉的话题。

以对方为话题。人们往往千方百计地想使别人注意自己，但大部分的"效果"都令人失望，因为他不会关心其他人，他只会关心他自己。因此，以对方作为谈话的开端，往往能令他人产生好感。赞美陌生人一句"你的衣服色彩搭配得真好"、"你的发型很新潮"，这能使他快乐而拉近彼此的距离。也许，很少有人具有说这话的勇气，不过我们可以说："您看的那本书正是我最喜欢的"或是"我看见您走过那家便利店，我想……"。

留心倾听。谈话投机，有一半要归功于认真倾听。倾听是一种艺术，不倾听就不能真正地交谈。与刚认识的人谈话时，应该看着他，并对他所讲的话题有所反应，鼓励他继续说下去。如此，倾听即成为一个主动的动作，使你不断地更进一步探索。有效的沟通——有异于无聊的闲谈，目的在于互相发现和了解。很多人无法给他人留下良好的印象，只因为他们不能专心倾听对方说话，只是一味思考自己下一句该说些什么。其实，一个健谈的人同时也是个耐心的倾听者。所以，如果希望他人喜欢您，您就要做一个有耐心的听众，而鼓励别人畅所欲言就是最大的诀窍。

根据对方的特长征求建议。比如，你可以咨询一个热心的园艺家："我想把花园中的一年生植物改种为多年生的，您认为种什么好呢"；对于一个销售通信器材的先生，你可以询问："我想买一部传真机，您有什么好的推荐吗？"

讨论热门话题。你可以就某些热门话题，请他发表见解，问他有关任何方面的观点都是很稳妥的：政治、体育、股市、时尚和当地新闻，几乎每个领域都可以，但不能是已经问过的，最好不要涉及那些容易引起激烈的反应或者引起争论的话题。

宴会餐桌上，能提供良好开端的话题往往就是食品或酒："好吃吗？我没有时间在厨房里真正地做一顿好饭。您自己做饭吗？"简单的一句话就可以引出双方之间很多可以共同探讨的话题。

对别人好奇，别人也对你好奇。你能增加他们的生活情趣，他们也能增加你的生活情趣。若只有对方畅所欲言，而自己吝于付出，则无法达到双向沟通的目的，你也无法结交朋友、拓展人脉。有的人觉得自己害羞或平淡无奇，他们会说："我们没有什么值得一谈的事情。"然而，事实上几乎每个人或多或少都有一些可以和别人分享的趣事。许多人会因为自己与别人的见解不同而羞于表达。事实上，正因为有这种不同，人生才能成为大戏台。我们如果彼此坦诚相待，就能谈得投机。若是彼此心灵相通，意气相投，这个朋友也许就能成为你今后生活的一部分。

所以，不论在何处，要善于发现话题，诚恳地与人交谈，不要怕表错情，也不要记恨人，久而久之，你将发现自己的生活充满乐趣。

打开与陌生人交谈的突破口

与陌生人初次见面的时候，能否打开交谈的突破口，对初次交谈以及日后的交往都显得十分重要。要想打开与陌生人交谈的突破口，最佳的方法就是找到自己同陌生人之间的共同点。

有一天，小王到外地出差，住进了一家旅店的三人套房里。当天晚上，一个最先入住的 40 多岁的中年男子正悠闲地躺在床上欣赏电视节目，小王躺在自己的床上看书。就在这时，又住进一位看上去稍微年长的男子。他放下了旅行包，稍微洗漱了一下，接着冲了一杯茶，边喝茶边打量早前到达的那个中年男子："师傅，来了好久了？""比这位客人早来了一会儿。"他指了指着正在看书的小王。"听你的口音，你是山东人吧！""噢，山东枣庄人！""啊，枣庄是个好地方啊！我在读小学的时候就在《铁道游击队》连环画上知道了枣庄了。三年前我去了一趟枣庄，还颇有兴致地玩了一遭呢！"听了这话，那位枣庄客人马上来了兴趣，两人从枣庄和铁道游击队谈开了，那亲热劲儿，不知底细的人恐怕要以为他们是一道来的呢！接着，两个人互赠名片，一起进餐，睡觉前双方居然还在各自带来的合同上签了字：枣庄客人订了苏南某人造革厂的一批风桶；苏南客人从枣庄客人那里弄到一批价格比较合理的议价煤。他们的相识、交谈与成功，就在于他们找到了对"枣庄"、"铁道游击队"都熟悉的这个共同点。

那么，在初次的交谈过程中，怎样才能找到自己同陌生人之间的共同点呢？

（1）听人介绍，猜度共同点。你去朋友家串门，遇到有生人在座，作为对于两者都很熟悉的主人，会马上出面为双方介绍，说明双方与主人的关系、各自的身份、工作单位，甚至个性特点、爱好等，细心人从介绍中马上就可以发现对方与自己有什么共同之处。

一位县物价局的局长和一位"县中"的教师，在一个朋友家碰面了，主人把这对陌生人作了介绍，他们马上发现都是主人的同学这个共同点，马上就围绕"同学"这个突破口进行了交谈，相互认识和了解，以至变得亲热起来。这当中重要的是在听完介绍之后，仔细地分析认识对方，发现共同点后再在交谈中延伸，不断地发现新的共同关心的话题。

（2）察言观色，寻找共同点。一个人的心理状态，精神追求，生活爱好等，都或多或少地要在他们的表情、服饰、谈吐、举止等方面有所表现，只要你善于观察，就会发现你们的共同点。

一位退伍军人乘客同一陌生人相遇，位置正好都在驾驶员的后面。汽车上路后不久就抛锚了，驾驶员车上车下忙了一通还是未能修好。这位陌生人建议驾驶员把油路再检查一遍，驾驶员将信将疑地去检查了一遍，果然找出了原因。这位退伍军人感到陌生人的这绝活儿可能是从部队学来的。于是试探道："你在部队待过吧？""嗯，待了六七年。""哦，那咱俩还算是战友呢！你当兵的时候部队在哪里？"……于是这一对陌生人就谈了起来，据说之后他们还成了好朋友。

而这就是在观察对方以后，发现"都当过兵"这个共同点。当然，通过察言观色发现的东西，还要同自己的情趣爱好相结合，自己对此也有一定的兴趣，打破沉寂的气氛才有可能。否则，即使发现了这样的共同点，也还是会无话可讲，或讲一两句就"卡壳"。

（3）以话试探，侦察共同点。两个陌生人对坐，为了打破这沉默的局面，开口讲话是首要的，有人以招呼开场，询问对方的籍贯、身份，从中获取一定的信息；有人通过听说话的口音、言辞，侦察对方的有关情况；有的以动作开场，边帮对方做某些急需帮助的事情，边以话试探；有的甚至借火吸烟，也可以发现对方某些特点，打开口语交际的局面。

有两个青年人从某县城上车，坐在同一条长座位上。其中一个人问对方"在什么地方下车？""到终点，你呢？""我也是，你到南京什么地方？""我到南京山西路一个亲戚家有点事，你就是本地人吧？""不是的，我是到南京来走亲戚的。"经过双方的"火力侦察"，双方对县城熟悉，对南京了解，都是走亲戚的共同点就清楚了。两个人发现对方共同点后谈得很投机，下车后还互邀对方做客。这种融洽的效果看上去是偶然的，事实上也是有其必然原因的："火力侦察"、发现共同点，向深处掘进而产生的效应。

（4）揣摩谈话，探索共同点。为了发现陌生人同自己的共同点，可以在需要交际的人同别人谈话时留心分析、揣摩，也可以在对方和自己交谈的过程中揣摩对方的话语，从中发现共同点。

在广州的某百货商店里，一位在南海舰队服役的军人对服务员说："请你把那个东西拿给我看看。"还把"我"说成字典里查不到的地道的苏北土语。旁边另一位也是苏北人，在广州某陆军部队服役。听了前者的这句话，也用手指着货架上的某一商品对营业员说了一句相同的话，两句字里行间都渗透苏北乡土气息的话语，使两位陌生人相视一笑，买了各自要买的东西，出了店门就谈了起来，从老家问到部队，从眼下任务谈到几年来走过的路，并说着将来的打算。

身在异乡的一对老乡的亲热劲，不知情的人怎么也不会相信是由于揣摩对方一句家乡话而造成的结果。由此可见，细心揣摩对方的谈话的确可以找出双方的共同点，使陌生的路人变为熟人，发展成为朋友。

（5）步步深入，挖掘共同点。发现共同点并不是很困难，但这只能是谈话的初级阶段所需要的。随着交谈内容的深入，共同点会越来越多。为了使交谈更有益于对方，必须一步步地挖掘深一层的共同点，才能达到目的。

一个度假的大学生和一位在法院工作的同志，在一个共同的朋友家聚餐，经主人介绍认识后，两个陌生人开始了交谈。逐渐地两人都发现对社会上的不正之风有共同的看法，不知不觉地展开了讨论，他们从令人发指的社会现象，谈到产生的土壤和根源，从民主与法制的作用，谈到对党和国家的期望。越谈越深入，越谈双方距离越亲近，越谈双方的共同点越多。事后双方都认为这次交谈对大学生认识社会、对法院同志了解外面的信息和群众要求、增强纠正不正之风的自觉性都是十分有益的。

实际上，寻找共同点的方法有很多，譬如共同的生活环境、共同的工作任务、共同的出行方向、共同的生活习惯等。只要你善于发掘，就能很轻松地打开同陌生人交谈的突破口，和陌生人展开畅快地交谈。

得体的自我介绍是与陌生人沟通的开始

在日常的人际交往中，初次见面的人总免不了要做自我介绍。自我介绍最基本的要求是大方得体，根据具体情况安排自我介绍的内容。

最常见的自我介绍的方式是报上姓名、家住在什么地方等，但这样的自我介绍听起来干巴巴的，没有什么营养，自然很难给初次见面的人留下深刻的印象，可能在进入实质性的交谈时你还得重新自报家门。因此，要想让他人在初次见面时就记住你，你的自我介绍就必须独具特色、彰显自己的个性。

进行自我介绍，首先要大方得体，一般来说，在做自我介绍时，要充满自信，亲切自然，目光正视对方，语言简洁清晰，语速不急不缓。

自我介绍的内容，根据交际的目的、所处的场合以及交际对象而言，要有一定的针对性。

在一般的社交场合，假如你并没有与对方深入交往的愿望，做自我介绍时只需向对方表明自己的身份即可。这时，你可以只介绍自己的姓名，如"您好，我叫某某"或"我是某某"。有时，也可对自己的姓名的写法稍微作一些解释，如"我叫陈东，东西的东"。如因公务、工作需要与人交往，自我介绍应包括姓名、单位和职务，无职务可介绍从事的具体工作。如"我叫张华，是某公司的销售经理"。假如你希望新结识的对象能记住自己，并且能进一步的沟通和交往，做自我介绍时，除介绍自己的姓名、职务、单位外，还可以提及双方共同的熟人以及相同的兴趣爱好等。

假若在讲座、报告、庆典、仪式等正规隆重的场合向出席人介绍自己时，还应加一些适当的谦辞和敬语。

要想给他人留下深刻的印象，自我介绍就要"出彩"，下面就简单介绍几种常用的方法。

（1）巧解自己的姓名。自我介绍首先要介绍自己的名字，并对"姓"和"名"加以解释，你解释得越巧妙，他人对你的印象就越深。这不仅可以反映出一个人的知识水平与性格修养，同时，也可以体现一个人的口才能力。

一个人的姓名，通常有丰富的文化积淀，或折射出凝重的史实，或反映时代的乐章，或寄寓双亲对子女的殷切厚望。因此，巧解姓名有时也能令人动情、加深印象。

在全国"荣事达"杯节目主持人大赛中，一个名叫潘望的主持人是这样做自我介绍的："我叫潘望，早在孩提时代，我那只有小学文化的军人爸爸和教小学的妈妈就轮番地叮嘱我：'望儿，你可是咱们家的希望啊！'为了不辱使命，肩负着双亲的重托，我脚踏实地、一步一个脚印地走来，直到今天，走到这个国家级的最高赛场，但愿老师们能给我这只盼望飞翔的鸟儿插上奋飞的翅膀。"

在潘望的自我介绍中，父母的心愿并列呈现，谁不为之心动呢？

（2）自嘲容貌。

陈南是一个个子不高、戴着眼镜的电视节目主持人。他在向大家介绍自己时是这样说的："单看咱这形象，眼不大还有点近视，但这丝毫不影响我的睿智与远见；耳朵虽小，更提醒我要耐心倾听观众的心声；嘴巴也不气派，正说明我不夸夸其谈，唢呐和号角的孔都不大，但同样能怒吼与呐喊；个子虽然矮小了点，可有位先生说过，'浓缩的都是精华。'有人说缺点在一定条件下也会成为优点，这话难免有些夸张，但'缺点在一定条件下会成为特色'则是毋庸置疑的。"

陈南没有使用"老掉牙"的方式来做自我介绍，而是借自嘲容貌的方式，把一个形象生动、个性鲜明的自己推到了观众的面前，自然也就让人对他一见难忘。

（3）自我揭短。

大学毕业之后，小刘进了距本县数百里外的某县公安局刑警队工作。很快，领导给他介绍了一个在该县一所中学教书的女朋友。在第一次约会时，小刘没有像别的青年那样在对方面前竭力展现自己的优点，而是"反其道而行之"，来了个"自我揭短"。小刘向对方这样介绍自己："我这个人找对象存在三大不利因素：一是我家不在这里，办事不如本地人方便；二是我中等身材、相貌平平，有点对不起观众；三是我在刑警队工作，经常加班加点，与我谈对象恐怕要作出一些牺牲。"小刘的一番话使姑娘看到了他的真诚与豁达，顿生好感，她不由得微笑说："你这个人靠得住，这比什么都强。"小刘的第一次约会获得了成功，由此，双方建立了恋爱关系。

在和姑娘初次见面时，小刘在自我介绍中没有一味地表现自己的优点和特长，而是"反其道而行之"，来了个"自我揭短"，反而给姑娘留下了真诚、可靠的印象，赢得了姑娘的芳心。

（4）借助地域。通过介绍家乡地域风情、景物、名优特产的某些特性，巧妙地烘托自己的个性，也是一个很好的方法。假如地域、家乡特产突出，就应从中推衍、阐发出与自己个性相关的内容；假如特产不明显、不特殊，那就挖掘地方特色，将地方特色与自己的个性巧妙地结合起来。

在一次演讲比赛上，有一个来自云南的演讲员这样介绍自己："尊敬的评委老师，我来自云南。或许老师们会感到惊诧，'云南是阿诗玛的故乡，是个佳丽辈出的地方'，但是老师们千万别忘了，云南也是大理石的故乡，相信老师们能从我身上看见大理石的朴实、厚重与刚强。"

这个演讲员以云南盛产大理石这一特产为生发的对象，由大理石的性质、特性引申到自己身上的"朴实、厚重与刚强"，显得自然贴切，不露痕迹，突出了自己的性格、本色和特征。

（5）借与名流相比加深印象。

小李是一名记者，在一次"记协"聚会上，由于大部分人是第一次见面，小李这样自我介绍道："我喜欢写诗，可写不过舒婷；我喜欢唱歌，可唱不过毛阿敏；我喜欢主持节目，她俩可能比不过我……"这么一说，可能就会使别人感到他颇为幽默。

小李巧妙地把自己与名人相比，既显示了自己的才能，又显示了语言幽默的特点，博得了大家的好感。

自我介绍也是一门学问，得体是基本要求，"出彩"是关键。自我介绍要独辟蹊径，从出人意料的独特角度，采用生动活泼的语言把自己介绍给他人。出色的自我介绍让你在初次"亮相"时就撞出个"碰头彩"，使你在与人们交往中更有吸引力，增强他人想要与你交往的愿望。

说好你的结束语

在人际交往中，说好了第一句话，就等于开了一个好头；说好最后的结束语，就等于给双方的谈话画上了一个圆满的句号。

结束语也就是告别的话，一般来说，在结束和他人的交谈时，人们经常会说"再见"、"再会"等，但这样的结束语过于平淡无奇、千篇一律，很难给他人留下深刻的印象，因此，有必要好好斟酌一下你的结束语。

当初次交谈接近尾声的时候，可以使用以下几种结束语。

（1）道谢式结束语。在交谈艺术中具有较强的礼节性，它的基本特征是用讲"客气话"作为交谈的结束语。道谢适用的场景和对象是最为广泛的，无论是上下级、同事、亲朋还是熟人、邻舍以及初交者之间都是适宜的。

假如是一次思想启迪式的交谈即将结束，从谈者可用"听君一席话，胜读十年书"、"你对我学习上的帮助与生活上的关怀，我感激不已"等语句结束。例如：

"唐先生，在您的悉心指导下，我明白了自己的责任，我一定按您的指教去做。谢谢您了，再见！"

（2）关照式结束语。这种结束语方式，是交谈双方说完了自己的思想、意见或流露了某些内心的意向之后，觉得谈话中有些话和问题带有对象性、范围性、保密性和重点性，当交谈即将结束时，就关照对方不要将其中的某些话张扬出去。

比如："刚才我讲的一些话，只是一些不成熟的看法，我觉得不必让他人知道，请你不要传出去，以免引起麻烦……"

这种关照式的结束语，有一种提起注意、防患于未然和强调重点的作用，能使交谈的对方增进了解并增强"使命感"、"责任感"。

（3）征询式结束语。交谈完毕，主谈者根据自己的交谈目的与交谈后的吻合情况向对方征求意见、说明、要求或建设性的忠告、劝诫等，这就是征询式的结束语。

比如："王先生，随着我们接触的增多和了解的深入，您一定察觉到我有不少缺点，您觉得我最糟糕的'毛病'是什么？希望您下次能开诚布公地提出来。"

"李小姐，我不懂得'恋爱艺术'，我只想对你说一句话，在你面前的这个人，他愿意爱你一辈子，不知你的想法怎样？"

当你与下属交谈工作结束时，你应该说："你还有其他的什么要求和意见吗？"

"你生活上还有困难和要求吗？只要有可能，我将全力帮你解决……"下属也应同样征询对方："除了工作之外，您对我还有其他意见和看法吗？如果现在想不起来，日后尽管提，我是不会计较他人向我提意见的……"

在交谈的艺术中，征询式的结束语往往会给人以谦逊大度、仔细周到和稳重老成的印象。运用征询式的收尾，对方听了便会产生一种心悦诚服、倍感亲切、心心相印的感觉，从而取得融洽的关系、有利于事业的进展。

（4）邀请式结束语的基本特征是运用社交手段向对方发出礼节性邀请或正式邀请。前者体现了"客套式"所需的礼仪；后者则表现了友谊的生命力。

①"客套式"的邀请："如果您下次途经北京，请到我们家来做客。再见！"

②正式邀请："今天我们就谈到这里吧，星期三晚上6点钟请你到我家吃顿便饭，那时我们再长谈吧。再见！"

以上这两种邀请式结束语，在社交场合与他人交流是必不可少的。"客套式"邀请也是一种礼节；正式邀请更是一种友好和友谊的表示。运用这种结束语，肯定会赢得他人最大的赞同。

（5）祝愿式结束语。这种结束语方式的特点是，不仅具有较强的礼节性和情趣性，并且还具有极大的鼓动力。如果再加上适当的口语修辞，它的效果一定会十分显著。

如："再见吧，路上保重，祝你一帆风顺！""一个伟大的男子就应该具有不凡的气概。只有经得起磨难，才能砥砺出刚强的锋芒……让我们都成为这样的男子吧！再见！""时间不等人，生活就是拼搏，抓紧时间，就等于延长生命。我祝愿你成为这样一个人，再见！"

（6）归纳式结束语。通常在陌生人之间非正式性交谈中使用，或同志间、亲朋间工作性交谈中使用。比如：

主谈者："小王，我今天谈的主要问题，一是咱们团委对新形势下出现的一些问题如何作出正确的估计和怎样引导、转化；二是关于共青团发展工作的经验，我们得好好总结一下。这是局团委要求我们马上做的，这两件事，我事先向你打个招呼，我们都好好考虑一下……"；"小刘，听了你的情况介绍后，我觉得问题的关键是第一点，我们是做他人思想工作的，如果能统一人心，其他问题也就迎刃而解了……"

归纳式结束语，由于条理清晰，中心突出，重点再现，这样对方交谈的目的和内容，双方的思想和意见就能清楚交流，收到言简意赅、重点突出、明朗爽快的效果。

事实上，结束语是多种多样的，关键是能够根据具体的情况和交谈对象，来选择最恰当得体的告别方式，这样才能使人回味无穷，达到"余音绕梁"的效果。

积累人脉资本

美国斯坦福（Stanford）研究中心一份调查报告指出，一个人赚的钱，12.5% 来自知识，87.5% 来自人脉。这说明，一个人只有充分依靠人脉、发展人脉，才能为成功打下坚实的根基。积累你的人脉存折，也就是在积累你一生取之不尽的财富。

做最真的自我

在人际沟通的过程中，说"真"话，即用真挚诚恳的语言去打动对方的一种语言表达方式。这里的"真"不仅仅是只包括"真实"的意思，更重要的还在于要有"真情"。

真实、笃诚和真情是说"真"话时特别需要注意的要素。以真实为铺垫、为基础，以真情动人、以真情感人，才能达到和对方沟通的目的。鲁迅先生说得很深刻："只有真的声音，才能感动中国人和世界人；必须有真的声音，才能同世界人同在世界上生活。"

在与他人沟通中运用说"真"话的策略时，要注意牢牢把握住"真"和"情"两个字，"真"就是要表现出"真诚"，"情"就是要以"情感"打动对方。

自己不懂的事就坦白地说不知道，这样较能博得对方的好感，一定要做到最真的自我。

有一次，汤姆在加州大学听一位著名的教授演讲，内容是关于用老鼠进行实验的情形。当时有位学生问道："如果改变实验的条件，会有什么样的结果呢？"但就在汤姆也满心期待这位教授能有所回答的时候，却听到他毫无惧意地说："我不知道。"

在众多的大学教授里，大概没有人会对学生所提出的问题坦白地说"不知道"，而会以"我想可能会有这样的结果……"等一类话把场面撑过去。

任何人都会有隐藏弱点的心理，因此，都会对承认不知道这一点产生抗议，连不懂的也会装懂的样子。但有时把不懂的坦白地说出来，反而可以成为非常有效的自我表现法。

由于坦白本身就会给他人一种强烈的印象，使他人认为你非常诚实。从某种角度来看，这种勇于说"不知道"的勇气，还充满着什么都知道的自信。

其实，对前面所说的那位教授，相信众多的听众都觉得教授是非常坦率而令人颇有好感的，因此，对他说话的内容也更加地信赖。

说真话，还要有真情。俗话说："言谈贵在情真，功在情深"，唯有真情的流露，才能产生无与伦比的推动力和征服力，才能做到最真的自我。

北魏太武帝拓跋焘在河西打猎，尚书令古弼留守在京城。太武帝传诏古弼用肥马供作猎骑，古弼却将瘦马送去。太武帝大怒，说："笔头奴竟敢决断我的大事！我回到尚书台（尚书令的官署），首先杀掉这个奴才！"古弼脑袋尖，像笔毫，由此太武帝平时把古弼视为"笔"。古弼的属官惶恐不安，害怕受牵连一起被杀。古弼说："我为人臣，不让皇上迷恋游猎，这个罪小；不防备不测（指战争），缺了国家军事的用度，这个罪大。现在北边的柔然人正强盛，南方敌寇还没有消灭，我用肥马供给部队，瘦马供作打猎，这是替国家深谋远虑，即使为这死了，又有何妨呢！再说这是我个人做的事情，用不着大家为我忧愁。"太武帝听到这些话，叹息道："像这样的臣子，是国家的珍宝啊！"

在某些对自己不利的情况下，坦诚地说实话，真情流露，要比刻意地遮掩事实更能打动、赢得人心。

在林肯当选为美国总统那一刻，整个参议院的议员都感到十分尴尬，因为林肯的父亲是个鞋匠。

当时美国的参议员大部分都出身名门望族自认为是上流、优越的人，从未料到要面对的总统是一个卑微鞋匠的儿子。

于是，林肯首次在参议院演说之前，就有参议员想要羞辱他一番。

当林肯站上演讲台时，有一位态度傲慢的参议员站起来说："林肯先生，在你开始演讲之前，我希望你记住，你是一个鞋匠的儿子。"

在场的所有的参议员都大笑了起来，为自己虽然不能打败林肯但能羞辱他而开怀不已。

等到大家的笑声渐止，林肯说道："我非常感激你使我想起我的父亲。他已经过世了，我一定会永远记住你的忠告，我永远是鞋匠的儿子，我知道我做总统永远无法像我父亲做鞋匠做得那么好。"

此时，参议院陷入了一片静默。林肯转头对那个傲慢的参议员说："据我所知，我父亲以前也为你的家人做过鞋子，如果你的鞋子不合脚，我可以帮你改正它，虽然我不是伟大的鞋匠，但我从小就跟父亲学到了做鞋子的艺术。"

接着他对所有的参议员说："对参议院里的任何人都一样，如果你们穿的那双鞋是我父亲做的，而它们需要修理或改善，我一定尽可能地帮忙。但是，有一件事是可以确定的，我无法像他那么伟大，他的手艺是无人能比的。"说到这里，林肯流下了眼泪，所有的嘲笑声全部化成赞叹的掌声。

说话贵在真实。包含真情实感的语言是唤起他人情感的最有力的武器。在人与人的交往过程中，说真话、动真情，可以使双方产生情感上的共鸣，使双方的关系融洽，同时形成良好的交际氛围。

倾听与提问是了解别人的最佳方式

在与人交往时，除了要注意说话的技巧外，还要懂得把说话的机会留给对方，善于倾听和提问。

很多人在和他人交谈的时候，总是喋喋不休地说个不停，让对方在大多数的时间里只能听自己说话。要知道，交谈是双向的，而不是一个人唱独角戏，在交谈中懂得适时地倾听对方说话和提出有关问题，能够表现出对对方的尊重，也有利于引导谈话向更深的层次发展。

学会倾听和提问，让对方多说话，对自己是有益无害的，也是了解别人的最佳方式，也会因此拥有非凡的人脉。

有一位曾在报社任职多年的记者，后来成了一家大企业的部门主任，薪水上涨了几倍。认识这位记者的人都知道，他身材矮小，口才一般，又没有任何耀人的学历。这样的人何以在数十个应征者中脱颖而出呢？

原来他在接到面试通知的时候，立刻去图书馆查资料，知道了这家企业创办人的生平背景。

从背景资料中他发现这位企业负责人，早年进过牢狱，这些不足为外人道的事情，这位记者都暗记在心。同时他知道这个大老板在出狱后，从一个路边的水果零售店做起，后来涉足建筑业，最后才有了目前的大企业。

这位记者在面试的时候说："我很希望为这样组织健全的大企业效力，听说您当年只身南下闯天下，由一个小小的水果摊开始。到今日领导万人以上的企业……"

那个大老板有段不堪回首的牢狱生涯，因此，从不愿提起过去。不料这个记者能避开那不光彩的一面，直接把出狱后的创业和他南下闯天下联起来。这样他就名正言顺地说起了他的成功史，而且超过了面谈时间，大老板还是意犹未尽。

最为奇怪的是，原本面谈应该是应聘的说，招聘的听，而这位记者几乎不用说任何与将来有关的计划，甚至连自己那毫不傲人的学历也不用提到，只要当听众就可以了。

假如这个记者滔滔不绝地介绍自己，说自己怎么样，把自己夸耀一番，也许就会出现另一种结局。

那么，在倾听对方谈话的时候，应该把握哪些基本原则呢？

（1）要有耐心，不能随便打断他人的讲话。有些人话很多，或者语言表达有些零散甚至混乱，这时就要有耐心听完他的叙述。即使听到你不能接受的观点或者伤害某些感情的话，也要耐心地听完。听完后可以反驳或者表示你的观点。

当他人流畅地谈话时，随便插话打岔，改变说话人的思路和话题，或任意发表评论，都被认为是一种没有教养或不礼貌的行为。

（2）集中注意力，真心诚意地倾听。人的思绪进行的很快，往往超过讲话的速度。讲话的速度是每分钟120至160个字，而思考的速度则是每分钟400到600个字。因此，要强迫自己集中注意力。

假如你真的没有时间，或由于别的原因而不愿听对方谈话，你最好客气地提出来："对不起，我很想听你说，但我今天还有一件事要做。"礼貌地提出来，比勉强听或者坐着开小差更好一些。

（3）适时给予反馈。反馈就是用自己的语言复述对讲话人所表达信息和情感的理解，这表明你已经听到并理解了信息。你可以逐字逐句地重复讲话人的讲话，也可以用自己的语言解释讲话人的意思。比如："你的话是不是可以这样概括……"当别人说："我不喜欢我的老板，再说，那个工作也很烦人。"你可以用自己的语言解释："你对你的工作不太满意？"

（4）偶尔的提问或提示给讲话者以鼓励。如："你能详细说明一下刚才你讲的意思吗？""我可能没有听懂，你能再讲具体一点吗？"或用提问或评论的方法鼓励讲话人。"这几条建议，你认为哪一条最好呢？""这很有趣，请你接着说。"

同样，可以适时用简短的语言，如"是"、"对的"或点头微笑来表示你的赞同和鼓励。

俗话说得好："会说的不如会听的。"只有会听，才能真正地会说；只有会听，才能更好地了解对方，促成有效的交流。不重视、不善于倾听就是不重视、不善于交流。交流的一半就是用心倾听他人的谈话。不管你的口才有多么出色，你的言语多么精彩，也要注意听别人说些什么。

在人际交往中，专注认真地倾听对方的谈话，就是在向对方表示你的友善和兴趣，就等于在告诉对方，"你说的东西很有价值"，或"你值得我结交"。因此，对方对你的感情也就更进了一步，"他能理解我"，"他真的成了我的知己。"同时，倾听也能够使对方的自尊心得到满足。倾听的最大价值就是深得人心，使双方感情相通，心理距离缩短，信任度增加。只要时机成熟，双方就可以从陌生人变成好朋友，甚至是知己。

一位心理学家曾说过："以同情和理解的心情倾听别人的谈话，是维系人脉、保持友谊的最有效的方法。"可见，说是一门艺术，而听更是艺术中的艺术。

造物主给了我们两只耳朵一张嘴，就是要我们少说多听。不仅要倾听别人的声音，参考别人的建议，也要倾听平时少为人听或不为人听的声音，因为那里面也许藏有珍宝。学会倾听，发掘生活中的小秘密，这就是许多成功者的秘诀。

因此，注意倾听是你给别人留下良好印象的有效方式。许多人不能给人留下良好印象，就是因为他不注意听别人讲话。心理观察表明，人们喜欢善听者甚于善说者。戴尔·卡耐基曾举过一例：在一个宴会上，他坐在一位植物学家身旁，专注地听着植物学家跟他谈论各种有关植物的趣事，除了提出一个问题之外，几乎没有说什么话，但分手时那位植物学家却对别人说，卡耐基先生是一个最有意思的谈话者。

沟通要用委婉的语言

在人际交往中，有的人虽然态度谦恭，却由于不注意语言表达的委婉、平和，常常在不经意间冒犯了他人。

在一定程度上，言语冒犯带来的恶劣后果要大于"盛气凌人"。言语冒犯有轻有重。轻者，惹人不高兴；重者，则可能伤及别人的面子、自尊，让人产生报复心理。

在与人交往的过程中，因言语冒犯引发的不愉快是经常发生的。有的人说话随意，不考虑对方的感受，不考虑说出的话会导致什么后果，因而常常会给自己惹麻烦，以致影响了人脉。

有人请客，看看时间过去了，还有一半的客人没有来，很着急，便说："该来的客人怎么还不来？"一些敏感的客人心想："该来的不来，那么我们就是不该来的了。"于是悄悄地走了。主人一看客人走了，又着急地说："怎么这些不该走的人反倒走了呢？"留下的仅有的两个客人听了心想："他们不该走，那么就是说我们是该走的了。"于是生气地甩袖而去。

这个小故事深刻地告诉人们：说话随意会伤人自尊，影响双方关系。

而言语谨慎的人哪怕面对的是一个十足的无赖，也会化险为夷，能够有效地保护自己，并且树立良好形象，轻松拥有好人脉。

因此，和人交谈一定要注意语言委婉，忌直来直去，更不可恶语冒犯，致人不快和痛苦。国外曾有人说："眼睛可以容纳一个美丽的世界，而嘴巴则能描绘一个精彩的世界。"委婉的语言常常可以平息矛盾与纠纷，化干戈为玉帛。

供职于某科技公司的盖先生就遇到过这么一件事。

盖先生去沈阳出差，下飞机后提着大包小包走出了机场。由于他只顾寻找接他的朋友，东张西望，一不小心撞在了一个行人的身上。那个人长得膀大腰圆，被撞后睁大两眼瞪着盖先生并生气地吼道："你没长眼睛吗？"听着对方的话，盖先生心里很不高兴，刚想回敬两句，转念又想，他不文明咱不能不礼貌，吵几句又能怎样？搞不好麻烦会更大。想到这，盖先生连连道歉，说道："实在对不起，我不是故意的，请多包涵。"

盖先生几句话，说得那个人也没脾气了。他只是余怒未消地看了盖先生一眼，径直走了。

试想一下，如果盖先生以不敬还不敬，以不礼貌对不礼貌，结局恐怕就是另外一种了。所以法国作家雨果说："语言就是力量！"

另外，心直口快常会无意中给别人带来伤害。因此，心直口快固然可嘉，但这不能成为在给别人造成伤害后推卸责任的理由。我们本可以把语言说得更委婉一些，让人听着更舒服、更易于接受。

梁先生是个心直口快的人。有一次他在保龄球馆和办公室的同事打球。对方是初学者，球艺自然不行。出于好心，他便当教练教起对方来，打球过程中他一会儿说人家"真臭"，一会儿又说"你这人看起来挺精明的，怎么学打球这么笨。脑子是不是进水了"。同事气得不客气地说："你说话可不可以委婉点？""什么委婉，你笨就笨嘛，还不让人说了，真是的。"

就这样，同事气得转身走了。梁先生本是好心教别人打球却使两个人弄得十分不愉快。由此可见，在与人交谈时，一定要考虑对方对你说的话会有什么反应，切忌直来直去。

委婉的言语是蜜，即使你回绝了对方，客客气气的言语让人听了心里也舒服；直来直去的言语则是一把刀，能够刺得人心里流血。前者会使人对你心生好感，后者则会让人对你痛恨不已，甚至心生报复。

喜欢直言直语的人说话时常常只看到现象或问题，也常常只顾自己的"不吐不快"，而很少考虑旁人的立场、观念以及心理感受。当然他的话有可能鞭辟入里，直指问题的核心，逼得当事人不得不启动自卫系统；若别人启动了自卫系统后仍招架不住，恐怕就会对他怀恨在心了。于是他的人脉就会出现障碍。

喜欢直言直语的人一般都具有"正义倾向"的性格，言语的爆发力、杀伤力很强。有时候这种人也会变成别人利用的对象，鼓动他去揭发某事的非法，去攻击某人的不公。不管成效如何，这种人总要成为别人的牺牲品，成为别人的眼中钉、"一号"报复对象。

所以喜欢直言直语的人应注意从以下几个方面着手改善自己：

对人方面。尽可能地少直言指出他人处事的不当或纠正他人性格上的弱点。虽然你是善意的，但心胸狭隘的人却会认为你这是在和他过意不去；而且你的直言直语也不会产生多大效用，因为每个人内心都有一个堡垒，一个很脆弱的"自我"缩藏在里面，你的直言直语恰好能够把他的堡垒攻破，把那个脆弱的他从堡垒里揪出来，他当然会不高兴。因此，能不讲就不要讲，必须讲的就委婉地讲，点到为止，不要大张旗鼓。

对事方面。尽可能少去批评其中的不当，事是人做出来的，因此批评"事"也就批评了人，所谓"对事不对人"，这只是"障耳法"。除非你权高位尊，否则直言直语只会给自己惹来麻烦。

因此，如果你想让自己拥有好人脉，就应在与人沟通时，切忌直来直去，要注意语气委婉。因为同样的内容，用委婉的语言表达往往比直言更易于让人接受。"舌头、金钱、电脑"在欧美国家并列为三大法宝。

说话要看准对象

世界上没有两个完全相同的人，因为人有性别、教养层次、性格、心境、地域、文化背景等的区分。

人与人之间的差异有时是惊人的，不同的对象对同一句话会产生不同甚至相反的效果。因此，与不同的人沟通，就要采取不同的说话方式，就是俗话所说的"见什么人说什么话"。

（1）看性格说话，人各有其情，各有其性。言辞表达的内容与方式必须因人而异，符合接受对象的脾气、性格，才有可能产生"同声相应，同气相求"的效果。

性格外向的人易于"喜形于色"，性格内向的人多半"沉默寡言"。同性格外向的人交往，你可以侃侃而谈，同性格内向的人交往，则应注意循循善诱。

在两千多年前，孔子就注重针对学生的不同性格来回答他们问题。有一次，孔子的学生仲由问："听到了，就去干吗？"孔子回答说："不能。"

另一个学生冉求也问："听到了，就去干吗？"孔子说："干吧！"公西华听了感到疑惑，就问孔子："两个人问题相同，而你的回答却相反。我有点儿糊涂，想来请教。"孔子答："求也退，故进之；由也兼人，故退之。"（意思是，冉求平时做事好退缩，所以给他壮胆；仲由好胜，胆大勇为，因此我要劝阻他）

由此可见，孔子诲人不是千篇一律，而是因人而异，尤其注重学生的性格特征。在日常交往、公关交往活动等各方面的交谈也要注意这一点。

（2）看性别说话，性别不同，对言辞的接受也有一定的差别。俄罗斯有一句谚语说："男人靠眼睛来爱，女人靠耳朵来爱。"这就指出性别对于接受是有影响的。无论是言辞涉及的内容，还是言辞表达的程度、声调都是如此。

在现实生活的社交场合、会议间隙、公益活动中，人们在礼节性的互致问候之后，通常喜欢三个一群、五个一伙地聚在一起交流。而这三个、五个的，又总是按性别组合——男士与男士侃，女士与女士谈。通常来说，男士爱谈的是时事、政治、法律、体育、文化、社会问题、经济动向等；而女士爱谈的则是孩子、丈夫、日常经济、消费心得等。说话者必须依据性别选择说话的内容，努力使自己的言辞吻合接受者的性别需求。

在说话者言辞接受的程度上，通常来说，男士较能承受率直、干脆、粗放、量重的话语，而女士则喜欢委婉、轻柔、细腻、量轻的话语。说话者必须依据接受对象的性别选择自己的表达方式与程度。

在一般情况下，说话者假如是男士，而接受者又并非自己的妻子、恋人或关系很密切的朋友，那么，言辞就应当严格把握分寸，在内容上、方式上都要充分注意女性的接受特点。对一些可以向男士说的话，就不一定能向女士说；对一些可以向男士使用的表达方式，就不一定能用之于女士。

（3）看教养层次说话。教养是指接受对象的一般文化和品德水准，包括文化程度、知识积累、生活阅历、涵养气度等。教养层次的不同，对说话者言辞的接受程度也不同。有些话说出来，甲听得懂，理解得很好，乙也许会听不懂，理解不了。

作家丁玲的小说《太阳照在桑干河上》中的人物——工作组的组长文采的演讲，就是没有区分接受对象的教养层次和实际的需求，而致使"言者谆谆，听者藐藐"。

因此，说话者在进行言辞表达的时候，要认清自己的接受对象的教养层次怎么样，盲目表达不仅达不到交流的目的，甚至会弄巧成拙、贻笑大方。说话者面对接受对象时，一时间不能确定其教养程度的话，所表达的言辞，应力求通俗化、大众化；那种故作深沉、掉书袋的做法，是不可取的。

（4）看地域说话。指的是接受对象所处的地理位置，包括国别、省别、族别等。不同的地域有不同的地域文化，彼此在认识、观念、习惯、风俗上都有一定的区别，对说话者言辞的接受就会有所不同。说话者在进行言辞表达的时候，应当认清接受对象的地域性，才能产生良好的交际效果。

（5）看对方的心境说话。心境通俗称为心情，是一种比较持久的、微弱的，但能影响人的整个精神活动的情绪状态。大家都知道，在听觉方面，声波在耳蜗内转变成一种可供神经系统使用的密码。通过神经系统的处理，听者就把这些编了码的信号感知为能够表达说话者意思的词汇。既然听者要将接收到的信息通过神经系统处理，那么，听者的心境，必然会影响到语言的交流效果。

人际交流中往往会有"言者无意，听者有心"的情况，说话不注意洞察对方的心理状态，通常会产生意外的问题。

《红楼梦》第八十三回写到大观园中一个婆子教训自己的外孙女："你这不成人的小蹄子！你是个什么东西，来这园子里头混搅！"这话恰好被黛玉听到，她误认为婆子骂她，于是大叫一声道："这里住不得了！"直气得"两眼一翻亡去"。

婆子的话本来是不让外孙女到大观园中来，但黛玉不这么想。她那种寄人篱下的特定处境和心态使她产生了误会。因此，同样一句话，不同的人听来感受就会完全不同。

（6）看文化背景说话。随着社交范围的不断扩大，我们的交际对象也将会有不同国家、不同民族、不同地区、不同阶层的人，要适应交际的广泛性，就要考虑不同文化背景下说话的特点，使我们说出来的话与特定的文化背景协调一致。

比如，交际场合的称呼语，受文化背景的制约尤为明显。各民族在长期的社会发展中，形成了各自的称呼习惯，能使交际对象产生良好的心理效应。如，英、美人习惯称已婚妇女为"夫人"，未婚女子为"小姐"，在比较严肃的场合，一般统称为"女士"。如果错称已婚者为"小姐"，在比较严肃的场合一般会被谅解：理由是由于西方女性认为这是一个"令人愉快的错误"。可是，在日本妇女中一般不称其为"女士"、

"小姐"，而称"先生"，如"中岛京子先生"。

说话一定要看对象，是一个常识，也是一个原则。有人曾经生动地说过："射箭要看靶子，弹琴要看听众，写文章说话就可以不看读者不看听众吗？"写文章要看读者，说话更要看听众，为了使自己的话引起对方的重视或取得对方的认可，顺利达到交流的目的和效果，说话就必须看准对象、因人而异。

说话要看准场合

在人际交往中，说话要看准场合，场合是指交际时的地点与氛围。

场合有庄重与随便之分、正式与非正式之分、公开与私下之分、喜庆欢乐与悲伤哀痛之分。在不同的场合应该说与之相应的话，这样才能达到交际的目的。同一句话，在这个时间、这个地点可以说，但在那个时间、那个地点就不能说。假如不注意场合，说一些不适宜的话，不仅会影响交流的效果，甚至会把事情搞糟。

（1）庄重场合与随便场合。在轻松愉快的场合谈论那些严肃的话题或枯燥无味的学问，肯定会惹人厌烦；而在庄重严肃的场合开那些无聊的玩笑，就会让人觉得你太过轻浮、不识大体。

有一次，美国总统里根在国会开会之前，为了测验麦克风，张口就说："先生们请注意，五分钟之后，我将对苏联进行轰炸。"一语既出，满堂哗然。里根在错误的场合、时间里，开了一个极其不当的玩笑。因此，苏联政府提出了强烈抗议。这说明，在庄重严肃的场合是不宜开玩笑的。

（2）正式场合与非正式场合。在正式场合说话应当严肃认真，事先要有所准备，不能随便乱扯一气。在正式、公开的场合，比如，谈判、辩论、作报告、演讲、会议发言答记者问、主持节目、讲课以及外事活动等情况下，就应该尽量选准词语、把握分寸，绝不可信口开河、胡言乱语。尤其是有身份、有地位的人，在这种场合更要注意。

在非正式场合，说话就可以随意一些，就像拉家常一样，这样才更有利于感情的交流。比如，家人、夫妻、密友之间的私人交谈，街坊邻居茶余饭后的闲聊，三五朋友在酒席宴会上的横扯竖侃，师生同事邂逅的问候致意，就可以随便一点、轻松一点，措辞不必那么讲究，就算出点格，也没什么大碍。

有些人在非正式场合说话文绉绉，而有些人在正式场合说话俗不可耐，这都是没有把握好正式场合与非正式场合界限的原因。

（3）喜庆场合与悲痛场合。一般来说，说话应该与场合中的气氛相协调。在喜庆的场合，千万不要说不吉利的话；在悲痛的场合，你就不能说那些逗乐的话，也不应该说一些比较轻佻的话。

小王是位专业的司仪。一天，他被人请去主持婚礼。按照家乡风俗，新郎、新娘要入席吃菜用饭，接着再一桌一桌地给客人敬酒。新郎、新娘在众人的簇拥下入席，来宾们也分别入席。第一盘是盛满喜糖和糕点的盘子，由一个帮忙的年轻人端了上来。可是就在年轻人把盘子放在桌子上的时候，只听咔嚓一声脆响，盘子裂开了。宾客们听到刺耳的声音，目光全都集中过来。端盘子的年轻人吓了一跳，慌了神，脱口而出："怎么是个破货？"话音落地，现场的气氛一下子紧张起来。见此场景，经验丰富的司仪小王灵机一动，高声说："大喜、大喜，这叫破旧立新，'碎碎'平安。"一句话使现场紧张的气氛重新变得欢腾起来。

众所周知，结婚是人生大事，举办婚礼的日子是喜庆吉祥的日子。由于年轻人说话水平有限，一句不中听的话就把喜庆欢乐的气氛给弄僵了。幸亏司仪反应灵敏，能说会道，一句好听的话又圆了场。

在社交场合说话，一般来说要注意以下几个方面。

（1）要在思想上强化场合意识。很多人没有场合意识，不管什么场合，说话都习惯从主观意识出发，心里怎么想，嘴上就怎么说，丝毫不顾及他人的感受。殊不知，这样往往会冒犯他人。

一些人之所以说话容易惹恼他人，主要是由于他们的场合观念淡薄。因此，对这种人来说，当务之急就是加强场合意识，懂得不同场合对说话内容和方式的特定限制和要求，时时不忘看场合说话。

（2）要自觉摆脱谈吐上的习惯性。人们的言行举止往往带有一定的习惯性，这种习惯性使他们说话时来不及考虑就脱口而出，造成与场合的不协调。因此，心直口快的人必须有意识地摆脱自己口语表达上的习惯性，养成顾及场合的良好表达习惯。在交际活动中，选择恰当的方式说话，以使自己的谈吐既符合场合要求，又顾及谈话对象的接受心理，最大限度地实现与交际对象的沟通。

（3）善于利用特定的场合讲话。充分利用特定的交际场合说话，可以为你增添无穷的魅力，从而使你的社交能力进一步增强。

在不同的场合，人们对他人的话语有不同的感受和理解，并且表现出不同的心理承受能力。比如，在小场合和大场合，在家庭场合与公众场合，人们对批评性说法的承受能力就有明显的差异。

正是由于受特定的人脉和场合的制约，有些话只能在某些特定场合说，换一个场合就不行。同样一句话，在这里说和在那里说也有不同的效果。因为，在人际交往中，说什么，怎么说，一定要顾及场合和环境，才能更好地、有效地沟通。

俗话说"到什么山唱什么歌"。要想受到他人的欢迎、获得良好的交际效果，你就必须注意在什么场合说什么话，才能尽快融到当时所处的环境中去；假如不注意场合，率性而为，就会破坏交际效果，成为一个不合时宜、不受欢迎的人。

把握分寸，言谈得体

两个原本素不相识的人，在初次交谈中说话一定要谨慎，否则就有可能引起对方的反感，导致交际的失败。因此，在与他人沟通时，一定要注意把握分寸，做到言语得体。否则将会导致沟通障碍和人脉的隔阂。

初次交谈的时候要有分寸，不能触犯别人的隐私。

有一天，刚参加工作的小刘被派到外地去出差。在车厢内，她碰到了一位来华旅游的英国姑娘。由于对方首先向刘小姐打了一个招呼，刘小姐觉得不与人家寒暄几句实在显得不够友善，便操着一口流利的英语，大大方方地随口与对方聊了起来。

在交谈的过程中，刘小姐有点没话找话地询问对方："你今年多大岁数？"不料人家答非所问地予以搪塞："你猜猜看。"刘小姐觉得很没趣，转而又问："到了这个岁数，你一定结婚了吧？"这一回，那位英国小姐的反应更令刘小姐出乎意料：对方居然转过头去，再也不搭理她了。一直到下车，她们两个人再也没有说上一句话。

刘小姐与那位英国姑娘话不投机，不欢而散，主要是由于她在交谈中向对方所提出的问题，是国外纯属不宜向人打探的个人隐私。按照常规来说，对方是有权利拒绝回答的。

把握分寸，言谈得体是一种很重要的沟通艺术。说话是否有分寸，对于我们能否与人有效的沟通，甚至办事成败有着很大的关系。把握分寸，言谈得体，说白了就是要注意自己说出的话千万不能伤及别人的情绪。不管自己有意还是无意，如果说话的分寸把握不当，就会得罪对方，影响沟通的效果，影响你的人脉。

要想在初次交谈中做到言语得体，应该注意以下的基本原则：

（1）用语谦逊、文雅。如称呼对方为"您"、"先生"、"小姐"等；用"贵姓"代替"你姓什么"，用"不新鲜"、"有异味"代替"发霉"、"发臭"。假如你在一位陌生人家里做客需要用厕所的时候，则应说："我可以使用这里的洗手间吗？"或者说："请问，哪里可以方便？"多用敬语、谦语和雅语，能体现出一个人的文化素养以及尊重他人的良好品德。

（2）态度诚恳、亲切。说话本身是用来向人传递思想感情的，因此，说话时的神态、表情都很重要。比如，当你向他人表示祝贺的时候，假如你嘴上说得十分动听，而表情却是冷冰冰的，那么对方一定认为你只是在敷衍而已。因此，说话必须做到态度诚恳和亲切，才能使对方对你的说话产生表里一致的印象。

（3）语言要简洁、精炼、准确，使对方在较短的时间内获得较多的信息，切忌空话连篇，空洞无物。

（4）声音大小要适当，语调应平和沉稳。无论是普通话、外语、方言，嚼字都要清晰，音量要适度，以对方听清楚为准，切忌大声说话；语调要平稳，尽量不用或少用语气词，使对方感到亲切自然。

（5）使用语言要考虑对方的接受能力，尽量做到通俗易懂，切忌卖弄文采、说艰涩难懂的语言。

言谈得体就是在与人交谈中使人愉悦，不做言谈中令人讨厌的角色，那么言谈中要注意避免下列几种情况。

（1）不要太沉默。有些人不管别人说啥总是在一边不吭声，或许是内向、自卑，或许是话不投机，但是过于沉默的人会使与其交往的人感到压抑，致使正常的社交气氛被破坏，自己也找不到朋友。

（2）滔滔不绝。一开始谈话，不管别人感不感兴趣，爱不爱听，自顾自在那里滔滔不绝、眉飞色舞，使对方一句话都插不上，听话的人必然会感到索然无味。

（3）爱嚼舌头。有些人或许是太无聊，他们最关心的就是张家短、王家长，一到某些场合不是打听对方就是编排对方，加上自己的非凡想象力，使事情经过其嘴变得有情有节，类似于电视剧本。

（4）不要抢白。人们在讲话时都希望他人能认真听，在讲到兴致颇高的时候，被人抢白、打断肯定使人很不高兴。那些总是喜欢打断、抢白他人的人，一定是社交圈中不受欢迎的人，因为这种行为被称之为不识时务。

（5）不要自夸。交谈中需要自信、自强，但在谈话中老是夸耀自己能干、自己的成功、自己的感觉，会使他人感到很自卑、不自在。太爱表现自己的人，通常使人很讨厌。

（6）不要多用"我"字。说话中老是"我"字不离口的人，一定是个表现欲很强并且还是一个很自负的人。他不关心其他人的事情，不爱倾听他人的话，只关心自己内心的想法。这样的人也一定不是个谦虚平和的人。

总之，在人际交往过程中，沟通并非将你知道的一切都和盘端出，讲究一下方式，掌握好分寸，你才能够增加个人魅力，拥有好人脉。一定要注意把握分寸，言语得体，这样才能成为他人眼中讨人喜欢的沟通者，才能博得对方的好感，激发对方与你进一步交往的愿望。

在不同圈子里游刃有余

口才在人际交往中具有极其重要的作用。拥有了好口才，你就能在不同的交际圈子里游刃有余。

一个人交际能力的高低，主要体现在说话的水平上。因为言为心声，舌战便是心战，语言能征服世界上最复杂的东西——人心。

1954 年，在日内瓦召开了讨论和平解决朝鲜问题和恢复印度支那和平问题的重大国际会议。美国代表团团长、国务卿约翰·福斯特·杜勒斯是一个顽固派，推行敌视和不承认中华人民共和国的政策。他嘱咐美国代表团的成员，在会议厅或走廊上遇见中国人时不予理睬。日内瓦会议举行第一次全体会议之后不久，杜勒斯离开了日内瓦。美国代表团改由杜勒斯的助手沃尔特·比德尔·史密斯将军任团长。周总理觉得美国代表团中并不是每个人对中国的态度都与杜勒斯一模一样，他决定直接同史密斯打交道。

有一次，周恩来走进酒吧，看见史密斯在柜台前正往杯子里倒咖啡。他径直向史密斯走去，伸出自己的手。

史密斯猝不及防，不由一愣，但还是迅速作出了反应。他左手夹着一根雪茄，急忙用右手端起咖啡，故意显示他的双手忙不过来。

尽管如此，周总理已把坚冰打破了。两人进行了短暂的交谈。

不久后，在举行最后一次全体会议时，周总理正在会议休息室里与人谈话。史密斯走上前去向周总理问好，还说总理的外交才能给他留下了深刻的印象，他为能结识总理而感到高兴。

周总理回答说："上次我们见面时，我不是首先向您伸出手吗？"

史密斯笑了。临走时，用肘碰了碰周总理的胳膊。——杜勒斯在日内瓦时，下过一道"不许同中国人握手"的禁令，史密斯不敢违抗，便以"肘"碰"胳膊"的变通方式表达了自己的问候。

在日内瓦会议期间，周恩来与美国代表团打破坚冰的尝试获得成功，为举行中美大使级会谈铺平了道路。周恩来卓越的谈话艺术在国际舞台上写下了精彩的一页。

在人际交往中，语言是最简便、快捷、廉价的传递信息手段。一个说话得体、有礼貌的人总是受欢迎的。相反，一个说话张狂无理的人总是受人鄙视的。一个善于讲话的人，通过出色的语言表达，可以使人对他产生好感，可以与他人友好相处。而一个不善于表达的人，往往会因自己与他人的沟通得不到改善而成为一个孤独的人。

社交是一个很大的舞台，在这个舞台上，你怎样才能挥洒自如、灵活应对呢？其中，一个不可忽视的也是最重要的条件，就是说话。在社交过程中，你该怎样开启你的嘴巴呢？

（1）应清楚对方的身份与性格特征。性格外向的人易于"喜怒形于色"，和他可以侃侃而谈；性格内向的人多半沉默寡言，对他则应注意委婉地循循善诱。不设身处地替他人着想，只一味夸夸其谈，其结果必然是失掉了一个交谈对象。

社交场合的交谈不仅是门技术，更是一门艺术。灵活巧妙的语言能够帮助你顺利打开人际交往的新局面。掌握了以上的交谈技巧，并将其成功地运用在社交场合，你便可以在社交中游刃有余。

（2）应先了解对方的一些精力情况。

在应酬当中，不同的人的思维方式迥然不同，你有你的观点，他有他的想法，交谈能否融洽则在于你话题的选择。如果你不了解他的情况，只顾自己一味地夸夸其谈，他肯定没有兴趣同你交谈；如果你知道他现在想要知道的、迫切需要了解的话题，同他促膝长谈，他肯定会耐心地倾听你的述说的。

（3）要常常保持中立，保持客观。

根据经验，一个态度中立的人，往往可以争取更多的朋友。对事物要有衡量其种种价值的尺度，不要顽固地坚持某一个看法；假若有必要对事情保守秘密，而你不能保守秘密，就会在很多事情上都出现过失。不要说得过多，要想办法让他人说话。如要对人亲切、关心，应竭力去了解他人的背景和动机。

假如在交谈中，不顾对方的心理变化，而一味地去将想法统统搬出来，那么，你是得不到他人的认同的，一厢情愿的谈话往往会让对方厌恶。

不该说话时说了，是犯了急躁的毛病；该说话时却没有说，从而失掉了说话的时机；不看对方的态度便贸然开口，叫做睁着眼说瞎话。

在交谈过程中，双方的心理活动是呈渐变状态的，这就要求我们在和人交谈中应该兼顾对方的心理活动，使谈话的内容和听者的心境变化相适应并同步进行，这样才能让交谈的意图明朗化，引起共鸣。

把握好说话的语气

在所有使用有声语言的场合，都离不开语气。在一句话中，不仅有遣词造句的问题，还有用什么样的语气表达才能更准确、鲜明、生动的问题。

抗日战争时期，文学大师郭沫若在台下观看自己创作的五幕历史剧《屈原》的演出，他听到婵娟痛斥宋玉："宋玉，我特别恨你，你辜负了先生的教训，你是没有骨气的文人！"

　　郭老听后，感到"你是没有骨气的文人"这句话，骂得还不够分量，就走到后台去找"婵娟"商量。"你看，在'没有骨气的'后面加上'无耻的'三个字，是不是分量会重些？"

　　这时，正在一旁化妆垂钓者的演员张逸生灵机一动，插了话："不如把'你是'改为'你这'，'你这没有骨气的文人'，这多够味，多么有力！"郭老拍手叫绝，连称："好！好！"

　　这一字之改，不仅使原来的陈述句变为坚决的判断句，并且使语言有强烈的感情色彩，语气也更加的有力，婵娟的愤怒之情溢于言表。

　　在人际交往中，驾驭语气是很复杂的技巧，要注意学习掌握以下几点：

　　（1）根据不同场合调整语气。要取得良好的效果，有声语言的表达，必须考虑对象、场合、时机等因素，要根据不同对象、不同场合、不同时机的语言交流特点，灵活恰当地运用语气的多种形式，做到适时而发。

　　①因人而异。驾驭语气最重要的一条是因人而异，语气能够影响听者的情绪与精神状态。语气适应于听者，才能同向引发，比如，喜悦的语气会引发出对方的喜悦之情，愤怒的语气会引发出对方的愤怒之意。语气不适应于听者，则会异向引发，如生硬的语气会引发出对方的不悦之感，埋怨的语气会引发出对方的满腹牢骚等。

　　②因时而异。同一句话，在不同时间说，效果往往大相径庭。抓住时机，恰到好处，运用适当的语气，才会产生理想的效果。

　　③因地而异。把握语气要注意说话的场合，这是十分必要的。通常来说，场面越大，越要注意适当提高声音，放慢语流速度，把握语势上扬的幅度，以突出重点。相反，场面越小，越要注意适当降低声音，适

当紧凑词语密度，并把握语势的下降趋向，追求自然。场合不同，应运用不同的语气。在谈话的场合与演讲的场合、论辩的场合和对话的场合、严肃的场合与轻松的场合、安静的场合与嘈杂的场合等，都要根据情况而使用不同的语气。

（2）掌握语气的特点。语气包含思想感情、声音形式两方面的内容，而思想感情、声音形式又都是以语句为基本单位的。语言有表情、表意、表志的作用，语气相应也分为这三种：

①表情语气，它是谈话中表现的感情。比如，赞叹、惊讶、兴奋、轻松、不满、讽刺、呵斥、警告等。赞叹用"呵、啊"，句中常有"多"字搭配；惊讶用叹词"啊、哎、哟、咦"；叹息用"唉"；制止、警告用"嘘、啊"；醒悟用"哦"；鄙视用"呸"等。

②表意语气，指的是向对方传递某种信息。如祈求、命令、感叹、陈述、疑问、催促、建议、商量、呼应等。这种语气词或独立成小句，或用于小句末，或用于整个句子末尾。指明事实，提醒对方注意，用"啊、呢、咯、嗯"等；催促、请求用"啊、吧"；质问、责备用"吗"，如与副词"难道"搭配。

③表志语气，就是对自己的说话内容表示某种态度。如否定、强调、肯定、不肯定、委婉、和缓等。肯定用"是……的"；缓和用"啊、吧"，语气显得平淡，不生硬；夸张用"呢、着"。

（3）改变不良的习惯语势。人在社会化的过程中，由于受社会、家庭和个人的某种语言习惯的影响，形成了每个人独特的习惯语势，由此，要尽早克服那些不符合语气要求的习惯语势。

有的人讲话声音变化很大，总是一开口声音很高、很强，到后来越说越低、越弱，句尾的几个字几乎听不到；有的人讲话，总是带有一种"官腔"，任意拖长音，声音下滑，造成某种命令、指示的意味；有的人讲话，则喜欢在句尾几个字上用力，使最后一个字短促，语力足，给人以强烈感、武断感，容易让人感到不舒服……

把握语气主要是做到句首的起点要参差不一，句腹的流动要起伏不定，句尾的落点要错落有致，这样就能使语气千姿百态，丰富多彩。正确地运用语势，就会从语意上对每句话的表达给予具体地把握。

在人际交往中，语气是有声语言最重要的表达技巧。掌握了丰富的、贴切的语气，才能使我们的思想感情处于运动状态，对说话对象产生正面的效应，从而取得交际的成功。

表达不当，忠告也会逆耳

忠告，对于帮助他人和建立真诚的人脉，起着难以替代的重要作用。可以这样讲，不能给予他人忠告的人不是真诚的人，因为这样的人不会将自己的真实感受告知对方。

我们应欢迎他人的忠告，更应该给人以忠告。实际上，一般人都讨厌忠告，忠告听起来总是不那么顺耳。究其原因，就是由于说者言语表达不当的结果。

人是一种感情动物。一般人很容易受感情的支配，即使内心有理性的认识，但仍然容易受反感情绪的影响而难以听进忠言。

一个中学生在外面游荡一天之后心生悔意，暗暗下决心回家学习。他一走进家门，当母亲的就急不可耐地对儿子说："你又到哪里疯去了？还不快去复习功课，看你将来还考不考得上大学！"儿子生气地顶撞母亲说："哼，上大学，上大学，我就不信不上大学就混不出人样！"在逆反心理的驱使之下，儿子怒气冲冲地跨出了家门。就这样，母亲的一番苦心白费了。

看来，仅有为别人着想的良好愿望还不行，忠告也需要有技巧，否则就会收到相反的效果。在给予他人忠告时，假如能够注意忠告的三个要素，你的忠告就会被人接受，忠言听起来也就不会逆耳了。

（1）不要用比较的方式提出忠告。就是不要以事与事、人与人相比较的方式提出忠告。因为此时的比较，往往是拿他人的长比对方的短，这样很容易伤害对方的自尊心。

一位母亲这么忠告自己的儿子："我说小朋，你看隔壁家的小明多有礼貌，多乖！你和人家同年生，你还比他大两个月，你要好好向他学习，做个好孩子！"儿子听了母亲的话，或许会一言不发，但他内心的真实想法是："哼，整天说小朋这也好那也好，干脆让他做你的亲生儿子好了！"这样一来，儿子的自尊心受到了伤害，母亲的忠告反而起到反效果。

（2）给人忠告要谨慎行事。说到底，忠告是为对方着想，为对方好是忠告的根本出发点。因此，要让对方明白你的一番好意，就必须谨慎行事，不可疏忽大意、随便草率。此外，给人忠告时，态度一定要谦和诚恳，用语不能激烈，也不要过于委婉，否则对方就会产生反感情绪。

由于用语激烈，对方就会认为你是趁机教训他；言语过分委婉，对方就会认为你假惺惺。

（3）给人忠告要选择适当的时机和场合。

当你的下属尽了最大努力而最终没有将事办好时，此时最好不要向他们提出忠告。假如你这时不合时宜地说"假如不那样就不会这么糟了"之类的话，即使你指出了问题的要害且句句在理，但下属心里却会产生"你没看见我已经拼命努力过了吗？"的反感，这时，忠告的效果当然不会好。相反，假如此时你能说几句"辛苦你了""你已做了最大努力""这事的确比较难办"之类的安慰话，然后再与下属一起分析失败的原因，最终下属就会欣然接受你的忠告。

此外，在什么场合提出忠告也很关键。原则上讲，提出忠告时，最好采取"一对一"的方式，千万不要当着他人的面向对方提出忠告。因为这样做，对方就会受自尊心驱使而产生抵触情绪。

综上所述，在我们向他人提出忠告时，一定要讲究方式方法，特别是要注意语言表达方式，使忠言听起来不逆耳，这样才能不伤害他人的自尊心，让他人欣然接受，最终达到忠告的目的。

场面上要注意礼节和措辞

当你在礼节场合与他人说话的时候，要让对方感受到自己的热情、实在、值得信任。

说话的时候动作一定要适度、端庄，在必要的时候可做一些手势。如果你是坐着说话，手不要搭在邻座的椅背上，腿不要乱晃、乱跷、随意地颤抖，更不要一边说话一边修指甲、挖耳搔痒、剔牙齿等，这些都是在礼节场合需要注意的。

美国人一般性格比较外向、感情丰富。他们欣赏英俊的外貌，沉着潇洒、彬彬有礼的绅士风度，赞赏幽默机智的谈吐。

1960年，尼克松败在肯尼迪的手下，正是由于在电视辩论中风度与谈吐都比不上肯尼迪。里根之所以能当上总统，与他在当电影演员的时候培养出来的潇洒风度和练就的好口才有极大的关系。从外部的形象来看，年仅46岁的高大、英俊的克林顿当然比年纪老迈的老布什占有很大的优势，但老布什是一个很难对付的对手，他是一个老牌政客，在从政经验丰富与外交成就的显赫这两个方面，克林顿无法同他相比。因此，克林顿在三次电视辩论中决定采用以柔克刚的办法，不咄咄逼人，不进行人身攻击，而要在广大听众的面前展示出一个沉着稳重、从容大度的形象。1992年10月15日，在第二次电视辩论中，辩论现场只设了一位主持人，候选人的前面都没有讲桌，只有一张高椅子可坐，克林顿为了表示他对广大电视观众的尊敬，一直没有坐，并且在辩论中减少了对老布什的攻击，把重点放在讲述自己任阿肯色州州长12年间所取得的政绩上。克林顿的这种以柔克刚、彬彬有礼的做法，赢得了广大电视观众的好感。

在最后一次电视辩论中，克林顿英俊、潇洒的姿态，敏捷的论辩与幽默机智的谈吐使他大出风头。他在对老布什的责难进行了有效的反驳之后，又很得体地对广大电视观众说："我既尊敬布什先生在白宫期间的为国操劳，又希望选民能鼓起勇气，勇于创新，接受更佳的人选。"话音刚落，掌声雷动。

克林顿要想圆他的总统梦，必须把老布什拉下马，克林顿深知电视辩论的重要性。假如能在电视辩论中表现得十分出色，再加上舆论界广为宣传，就为入主白宫铺平了道路；假如在电视辩论中惨遭失败，那么，他的总统梦就将化为泡影。

为了能在电视辩论中获胜，克林顿的竞选班子绞尽了脑汁，制定出了有礼有节、以柔克刚的有效的辩论方法。

电视辩论不但可以显示出总统候选人的竞选主张，更重要的是还能展示出候选人的素质和能力，如风度、形象、表达能力、思维能力、应变能力等等。克林顿能抓住电视这个受众面最广的传媒、在辩论中以说"礼"话的策略与老布什竞选，赢得了广大选民的信任和支持，也展示了自身良好的风度和形象。

第四课

经营人脉网络

经营好自己的人脉网络。编织一个牢固庞大的人脉网络，当你需要帮助时，就会有人向你伸出热诚的双手，给你一个可以依靠的肩膀。

血浓于水

"血浓于水"是人们常说的一句话，它说明了动用关系、求人办事时亲戚的重要作用。

亲戚关系是每个人都具有的一笔宝贵资源，在生活中不懂得善加利用，可以说是一种极大的浪费。

亲戚之间的血缘或亲缘关系决定了彼此之间特殊的亲密性。遇到困难，人们首先想到的就是找亲戚帮助。作为亲戚，对方也大都会很热情地向你伸出援助之手。

亲戚，之所以亲，就是由于彼此有血缘关系或姻亲关系。由此，也就有了"一人飞升，仙及鸡犬"，蒲松龄在《聊斋志异·促织》里的这句话道出了"亲"的性质、精髓。

在战国时代，各诸侯国的相互联姻，其根本目的就在于寻找联合，寻找一种亲戚关系。公元前 287 年，楚国陷入了秦、赵、韩等国的围攻，眼看楚国都城郢就要被攻陷了，楚王焦急万分，这时一个叫钟和的大臣建议道："大王何不派人去求助百越族呢？想当初大王不是嫁了一位女儿过去吗？"

楚王认真想了想，因嫁的女儿太多了，倒想不起来具体是哪一位女儿给嫁过去了。但是，目前有一支力量算一支，于是，他派钟和带礼到百越族去求助。

百越在当时是居住在今广东、福建沿海的少数民族，虽人数不多，但个个骁勇善战，是一个战斗力极强的民族。

百越族首领在听到这个消息后，欣然允诺相助，立即下令调遣各个部落的士兵组成一支两万人的军队前去楚国。

最后，在楚国与秦国的交界处，秦、赵、韩三国军队与楚、百越的军队进行了生死决战，结果，在百越族的大力支援下，楚国不仅保住了都城郢，还一举击溃了秦、赵、韩三国联军，取得了决定性的胜利。

假如没有钟和的提醒，没有百越族得这么一层亲戚关系，楚国就有可能要提前灭亡了。由此，在关键时刻，求助于亲戚是很明智的选择，亲情在很大程度上不会受人情冷暖、世态炎凉的影响，求助的成功率是极高的。

为了有效地维护好亲戚之间的亲密关系，我们应该认识到亲戚关系的复杂性，其主要表现在亲戚之间存在着多种的差异，比如，地域、性格、经济、地位的差异等。这些差异既可能成为彼此交往的原因，也可能成为产生矛盾的原因。

所以，亲戚之间在互相交往、互相求助中应注意以下问题，才能使彼此关系更融洽、更牢固。

（1）一厢情愿，为所欲为是大忌，亲戚之间关系的远近决定了其密切程度上的差别，由此，在相处中要注意把握适当的分寸。

一般情况下，亲戚越走越亲。但是，亲戚交往也应讲究适当的方式，否则也会制造矛盾。

以前，人们走亲戚可以在亲戚家住上一年半载，但是现在这样做就不合时宜了。大家都有工作，都有自己的生活习惯，住的时间过长，就会产生摩擦，引起不必要的矛盾。

有些人到亲戚家做客，毫不客气，任自己的性子来，这就给主人带来许多麻烦，也容易造成矛盾。

有些人每天要睡到很晚才起床，到亲戚家也不改自己的毛病。主人要照顾他，又要上班，时间长了必然会影响主人工作和生活的正常秩序，进而影响彼此的关系。

有些人没有讲卫生的习惯，到了亲戚家里，烟头到处扔，让人家收拾不及。时间短，还可能忍耐克制，日子长了，矛盾就会产生。

亲戚之间交往，也应该注意优化自己的行为方式，尊重亲戚的生活习惯，如果方式不当同样会得罪人，给亲戚关系蒙上阴影。

（2）经济往来糊涂不得，生活中，往往会有一些为了经济利益问题而得罪亲戚的事情。比如，亲戚之间的借钱、借物等财物往来是常有的事。有时是为了救急，有时是为帮助，有时就是赠送。

虽然情况不同，但都体现了亲戚之间的特殊关系，把这种财物往来当成表达自己心意和特殊感情的方式。

你作为受益者，在道义上对亲戚的慷慨行为给予由衷地感谢和赞扬是必要的。但是，如果你把这种支持和帮助看得理所当然，不作一点表示，对方就会感到不满，而影响彼此的关系。

同时，对于属于你需要归还的钱物，也不可含糊。亲戚之间也有各自的利益，必须把感情与财物分清楚，不能混为一谈。假如对方没有明言赠送给你，所借的钱物该还的就要按时归还。有的人不注意这个问题，以为亲戚的钱物用了就用了，对方是不会计较的；一旦等到亲戚提出来时，自己将十分尴尬。

对于亲戚的帮助要注意给予回报，这既是加深双方情感的需要，也是报答对方帮助的必要表示。如果忽视了这种回报，同样会得罪人。

总之，亲戚之间的钱物往来，如果处理得当则可以成为密切的感情因素，否则，则有可能成为造成矛盾的祸根。

（3）切忌居高临下或强人所难，虽然双方有着亲戚关系，但是，也应当相互尊重，平等对待。尤其是在彼此之间有地位、职务上差异的情况下，更应如此。

"穷在街市无人问，富在深山有远亲"。富足的、地位高的人相较于贫困的、地位低的人对于亲戚是更具有吸引力的。因为地位低的人总是希望从地位高的一方得到一些帮助，同时在他们提出自己的请求时，又怀有极强的自尊心。假如地位高的对比自己地位低的亲戚的来往表示出不欢迎的态度，那就很容易伤害对方的自尊。

有时，地位低的人对被小看是很敏感的，只要对方有哪怕一点冷淡的表示，都会觉得很尴尬。

另外，亲戚之间彼此的帮助是不能违反社会法律和社会公德的。比如，有些人求亲戚办事，尤其是办一些有违原则的事，人家不办就心怀不满，说人家不讲情谊之类的话，这也是很使人为难的。

同学情，是一世的情

同学之间有着共同的记忆、共同的经历、共同的成长环境，这便是同学之间相互帮助、相互协作的情感基础。同学之间办事最实在，也最得力。

我们每个人都有很多年的学习经历。仔细地回想一下，从小学、中学到大学，与我们同班、同校的，可称为同窗情义的人何止几百人。

少年时代建立的同学关系是十分纯洁的，有可能发展为长久、牢固的友谊。由于在学生时代的我们，年轻、单纯、热情奔放，对未来的人生充满崇高的理想，而这样的理想往往是同学们所共同追求的目标，曾几何时，彼此在一起热烈地争论和探讨，每一个人的内心世界都袒露在他人面前。加之同学之间的朝夕相处，彼此之间对对方的脾气、兴趣、性格等方面都有一定的了解。

即使你在学生时代不太引人注目，交往的范围也很有限，你也大可不必受限于往日的经验，而使你的想法变得消极。这是由于，任何人踏入社会以后，所接受的磨炼都是百般不同的，绝大多数人会受到洗礼，而变得相当注意人脉的重要性。所以，即使与完全陌生的人交往，一般也能相处得很好。由于这样的缘由，再加上曾经拥有的同学关系，你可以完全重新进行人脉的营造。换句话说，不要拘泥于学生时代的自己，而要以目前的身份来进行交往。

谁没有几个往日的同窗校友？说不定你的一个微笑、一句笑话还存留在他们的记忆中。千万不要把这种宝贵的人脉资源白白地浪费掉，从现在开始，你就要努力去开发、建设和使用这种关系。

以友谊为基础的人脉很重要，这就需要与同学保持一定的联系，与同学保持联系的方式和机会有很多。

（1）时常与同学聚会，以求关键时候帮把手

大千世界茫茫人海，你与他（她）成为同学，可谓缘分不浅。虽相处时间不长，但这中间的关系值得珍惜，值得持续下去。在与同学分开后，还能与对方保持一种相互联系、历久弥坚的关系，那对你的一生，或者说对你将来要达到的目的与理想是很有好处的。这其中的有利方面，也许是你从未想到的。

有时同学关系在关键的时刻可以发挥出巨大作用。但是，平时一定要注意和同学培养、联络感情。只有平时经常联络，同学之情才不致疏远，当遇到困难时，同学才会心甘情愿地帮助你。长时间地与同学失去联系，彼此就会变得生疏，甚至形同路人。你去托他办事时，一些比较重要的关乎他的个人利益的事情，就不会帮你了。

（2）常参加同学间的活动，才会得到照顾

这个社会，有些人越来越现实。他们目光短浅，与老同学往来、聚会时不甚热情，分开后不相往来。这种人遇到事情时再来找老同学，谁会给他帮助呢？

因此，许多同学在分开后常常会借这样、那样的活动联系彼此。你只有参加这样的活动，加深同学之间的感情，在托同学办事时，才会说得自然，同学也会答应得爽快，积极努力地去办。

（3）在同学面前袒露困境，让同学主动帮忙办事

同学之间的交往贵在真诚。遇到自己有难处，同学又能帮得上忙的

时候，不要自己一个人硬撑着。谁都有落难的时候，向同学求助并不丢面子。何况同学关系非同一般，不要担心欠下人情债。同学帮助了自己，当同学需要你的时候，你只需毫不犹豫伸手相助就行了。

（4）请某位同学帮忙时，最好邀上其他同学掩护

或许，你会认为你与自己所求助的那些同学关系不够"铁"，怕说出求助的话，对方拒绝自己，丢了面子无法下台。此时，你不妨了解一下你所求助的这位同学平常与哪位同学来往最密切，然后，邀上第三方去求同学帮忙。"不看僧面看佛面。"同学也许不会给你面子，但他应考虑给自己最亲近的那位同学面子。

同学之间的关系，是社会中人们最为亲近的一种人脉。只要你用心去与同学交往，同学就会成为你成就事业的最为重要的人脉资源之一。

以人心为基础

一个人的人脉好坏与否，其实也就是赢得人心的成功与否，众人的力量是巨大的，想做什么事只要依靠众人的力量，都可以轻松实现。

你善待众人，懂得去做关系，也就会有许多人愿意帮助你，不断地给你提供各种各样的资源，使你能够开足马力向前进。只要能得到众人之心，就能筑起无数的"钢铁长城"。楚汉相争就是说明这个问题的明显事例。

在楚汉战争初期，项羽占据着绝对的优势。反观刘邦，则要弱小很多，论实力，没有项羽的雄厚；论装备，也不如项羽的精良；论粮草也不如项羽的充足；论个人的能力，刘邦只是一亭长，项羽则是盖世的英雄。刘邦一方几乎没有一样能拿出手的，但也就是这唯一一样东西，可以拿得出手的，却造成了楚汉形势的大逆转，那就是人和。与项羽相比，刘邦更懂得笼络人心，由于他深深地懂得关系的重要性，虽然刘邦智谋不及张良、陈平；统兵不及韩信、彭越；处事不及萧何。但由于他会做关系，使这些能人心甘情愿为他效命。因为有这些文臣武将的鼎力相助，所以，即使在楚汉战争初期，刘邦几次性命危险关头，都能化险为夷、转危为安。

随着刘邦周围的"关系之水"越聚越多，刘邦这条大船，在楚汉战争的后期也越来越驶得安稳，即使项羽在刘邦的对面吹胡子瞪眼，也是难耐刘邦任何。

比起刘邦的用人，项羽就相形见绌。由于项羽的刚愎自用，胡乱猜疑的性格使然，使他始终不能处理好与手下众人的关系，就是一个好端端的范增，也被他气得告老还乡，项羽空怀一身勇武之力，最后却得个众叛亲离。

因此，一代明君唐太宗李世民曾经为此慨叹曰："水可载舟，亦可覆舟。"这话一点也不错！关系之水运用得好就可以一帆风顺；关系之水不擅处理，就可能进退维艰甚至船毁人亡。

有家生意兴隆的水果店，每逢各种水果的盛产期一到，他就会给他的老客户纷纷寄上一斤精挑细选出来的水果，而这一小事使得他的水果店，一年四季的生意红火得不得了，同时也获得了一大批老顾客、老朋友。

就说水果店老板的这个小事，实际花费的并不多，只是当每位客人收到这份特殊的礼物时，内心都十分地感动，由于富有人情味的水果，使得客户们深刻记住了这家水果店，只要水果的盛产期一到，客户们便会想起："该是订购水果的时候了。"

水果店老板很清楚，他的店要想生意兴隆，就必须依赖"关系之水"，也就是客户的大力支持，他很懂得投客户之所好，对客户进行情感投资。因此，他独辟蹊径，制造出水果关系炸弹，里面藏着浓浓的感情，当这种特殊身份的水果源源不断地送到客户那里，自然也就炸通了客户渠道，使客户源源不断找上门来。

古人说，得人心而后得天下。得人心，才能有坚实的依靠，才能创造"人和"的良好态势，才有利于平定天下。

《孟子·公孙丑下》有这么一段论人心的话值得后来者深思："域民不以封疆之界，固国不以山溪之险，威天下不以兵革之利。得道者多助，失道者寡助。寡助之至，亲戚畔之；多助之至，天下顺之。以天下之所顺，攻亲戚之所畔，故君子有不战，战必胜矣。"

善于以最能赢得人心的方法去处理人脉，把各种难以调节的事情处理得圆满融洽，这是一种成大事的做人之道，天下之难，必须加以解决。

得人心者，得天下，不是每一个人都能掌握的，而是机智者最擅长的成功方略。古往今来，有多少大胜者都是靠众人取胜的，开拓了人生的成功之路。反过来讲，假如离开众人的帮助，这些大胜者就可能不会取得胜利。

众人的力量对于一个善于赢得人心的人来说，是相当重要的。至少可以看到以下两点：一是众人的智慧能让人避开冲突、缓和人脉，二是众人的智慧可以使人强化应对复杂问题的能力。假如你明白了这两点，那么就会在各种场合，把奇妙的做人之道发挥得淋漓尽致，从而成就自己的人脉网络。

要想赢得众人心，就必须有一个良好的人脉。关系就像水，人就像船，只要你重视它，并且懂得经营关系，它就可以推动你走得更远。如果你不重视它，或者不善于经营关系，那么，它同样可以把你淹没。

伯乐扶助走上红地毯

古今中外，在很多人的成功历程中，总有一些至关重要的人物在其中发挥着作用。在接受他人帮助的同时施展出自己不负栽培的好手段、真本事，这才是他们把握历史性机遇的关键一步，也是他们最终成功的要素之一。

其中的道理是不难理解的。一个人要想取得某种成就，就必须具备一定的条件，而这些条件的客观方面却往往掌握在他人的手中。接受他人的支持和帮助，就像一颗优良的种子不拒绝一块适合自己生长的土壤，势必会加速一个人的成功，有时甚至会决定一个人的命运，可见，以外力为基础的人脉也是很重要的。

没有外力的介入，有时是很难成功的；要想成功，就必须善于借用他人的力量。然而，他人之力不是很容易借到，即使借到也不一定对你的成功目标有用。因此，借用他人之力，关键是要找对人，一旦得到贵人的相助，大事就成为小事，难事就成为易事。

所谓贵人，就是指有权有势，或有名有钱的人。他们既然不同于常人，自然也拥有常人所不可及的力量，可帮人办成不一般的事。但要想借贵人为自己帮忙，当然需动一番脑筋、费一番工夫。

对于一般人来说，贵人很难遇上，然而一旦遇上，就要牢牢地抓住，直至帮你达到成功的目标为止，这才是高明之所在。

除非你的运气很糟，不然在你的一生中，总会碰到几个贵人。比如，你在工作中一直不是很顺利、表现不佳、心灰意冷之余，你开始想打退堂鼓。你的一位上司却在这时候推了你一把，设法帮助你跨过了门槛，重燃你的斗志。

有句话说"七分努力，三分机遇"。我们一直相信"爱拼才会赢"，但偏偏有些人是拼了也不见得赢，关键就是缺少贵人的相助。在攀向事业高峰的过程中，贵人相助往往是不可缺少的一环，有了贵人，不仅能替你加分，还能加大你的筹码。

有贵人相助，的确对事业发展有很大的帮助。有一份调查表明，凡是做到中、高级以上的主管，有90%的都受过栽培，至于做到总经理的，有80%遇到过贵人。

在当今社会里，这种靠贵人之力而使自己的事业步步高升的现象同样值得我们借鉴。贵人的引荐和提拔往往就是一种强有力的敲门砖，能够为自己赢得机会与广阔的舞台，充分地释放自己的才华，做到"怀才有遇"，从而为自己进一步实现人生价值奠定基础。

不论在何种单位、何种行业，"老马带路"向来是传统。目的不外乎是想栽培后进，储备"接棒"人才。这些例子在运动界、艺术表演界、政治界颇多。

单从借力的角度，为自己寻求一些贵人作为背景，从而使自己尽快得到提拔。英雄有用武之地，是很值得研究的。结合现代社会的特点，给诸位提供几项具体可行的建议。

（1）找寻贵人

比如，在公司工作，在层级组织中有很多职位比你高且能帮助你的人。有时你得费心地去分辨谁具有这种能力。你也许以为，你的晋升概率取决于顶头上司对你的评语好坏，这观念也许是正确的。但是更高的管理阶层可能觉得你的顶头上司已到达不胜任阶层，因而可能不在乎他的推荐和好恶。因此，不要太肤浅，仔细深入地观察，你就能找到能帮助你的贵人。

（2）激励贵人

不懂得激励贵人等于没有贵人。要让贵人明白，他在帮助你之后他有什么样的好处，假如他不帮助你，他有什么损失。

（3）以退为进

试想你正置身于游泳池内，你努力地往高处的跳水板爬，可是当你爬到半途时，前面一名也想跳水的人挡住了你的去路。那人爬到一半便已失去了勇气，双眼紧闭，死命地抓住栏杆，既不会掉下来，也不再向上爬，而你就无法超越他，这时，站在跳水板上的贵人虽然拼命为你呐喊加油，结果还是无济于事。

同样地，在工作上的层级组织中，如果你的上一层职位被某一个不胜任者占据，那么你花再多力气或你的贵人再有心提拔你，也都将徒劳无功。

为了到达跳水板顶端，你必须爬下那座被堵塞了的阶梯，横越到另一侧没有障碍的阶梯，然后再顺利爬上顶端。同样地，在层级组织中，你必须离开挡路人那条升迁管道，然后从另一个没有阻碍的管道往上晋升。如果那人仍有资格获得晋升，他便不算是挡路人，而你也不必躲开他。只要稍加忍耐，多等一些时日，他将获得晋升，届时出现空缺，你的贵人便能立即提拔你。

（4）争取多位贵人的提拔

多位贵人的共同提拔，可产生乘数的提拔效果（指贵人人数乘以个别提拔的效果）。乘数效果的产生，由于这些贵人在他们的谈话里，不断地互相强化你的优势而使他们决心帮助你。假若你只有一位贵人，你便得不到这种强化的效果。因此，拥有多位贵人便能获得更多晋升的机会。

良好的"伯乐与千里马"关系，最好是建立在各取所需、各得其利的基础上。这绝不是鼓励唯利是图，而是强调以诚相待的态度，既然你有恩于我，他日我必投桃报李。

因此，假如你是一匹良驹，一定要找到可以相助自己驰骋千里的伯乐与"贵人"。有了"贵人"的提携，加之个人的能力与努力，你一定会比他人更早获得成功。

亲戚还要常走动

在亲戚交往中，人情往来，礼节应酬发生的频率是比较高的。比如，新婚之喜、寿诞之庆、乔迁之贺，等等，走动一下，在礼节应酬上有所表示，联系的方式可以各具特色，这样可以达到相互沟通、交流思想、交换信息的目的。通过加强亲戚关系可以使大家感到亲切愉悦，其乐融融。

但有的人可能会这样问：我与亲戚相离得特别远，平时自身还有很多事情要做，哪有时间去经常走动啊！

这确实是当今社会存在的一个客观问题，由于经济的发展，加上自身的一些原因，如调动工作、出外读书、经商等，都会与亲戚分离，毕竟，在当今这个社会，那种封建大家庭式的生活方式已不复存在了，亲戚开始分散到各自不同的地方，这是社会经济发展的必然结果。

在这种情况下，就此罢休实属不该，"常来常往"，除了指人需要经常来往外，也可以是礼品、书信等。

于某是一家公司的老板，经过几年的辛苦经营，资产虽说没有千万，但至少也有百万了。到底是什么原因使他在短短几年内拥有如此数量可观的资产呢？

在一家电视台的记者采访他时，他说了这样一段话：

"……自身的努力与勤奋固然是我成功很关键的因素，但还有一点也是非常重要的。我的亲戚很多，在我未发迹前，经常拜访他们，以致彼此间关系都特别好。后来，在公司小有规模后，我仍不忘经常性的与他们保持联系，正是因为这种密切来往，我的亲戚都对我非常不错。刚创业的时候，资金有一半是由他们筹措；办公司遇到困难时，也有他们的帮助与鼓励；他们其中的一些人，现在也在我的公司里帮忙，是我得力的助手……总之，在各种人脉中，我最注重的就是亲戚关系，也正因为我的经常性走动，我才有今天的成就……"

在于某的谈话中，我们可以很清楚地看出，常"往"在亲戚关系中的重要性，但有一点要特别注意就是千万不可有贫富、贵贱之分，也不要因为自己的地位较高而不常"往"亲戚家。这样下去，亲戚就会对你冷眼相待，再想搞好亲戚关系，那就难上加难了。

亲戚之间相隔很远，彼此不能经常见面，倘若遇到亲戚办一些大事时，就算不能亲自前往，也要备些礼品或书信前往，让亲戚感受到你的挂念，这样就算真的长时间无"人来人往"，但有"物来物往"或"信来信往"，也可以起到处好亲戚关系的作用。如果连这样的往来也没有的话，亲戚之间的感情就会中断和淡薄，长久下去，也就会渐渐无形中断。

在这一点上，现代气象学家竺可桢就做得很好。竺可桢年少离家，出外就读，而后就在异乡定居下来，娶妻生子，几乎就没有机会回故乡去探望。

可竺可桢却始终没有忘记故乡的亲人，时时将他们记挂在心中。就算在他工作非常忙的时候，他也不忘写上几封书信，寄给故乡的亲戚向他们问好；逢年过节或亲戚家有什么喜事，他也要托别人带些礼品回去以示庆贺。

有一次，竺可桢家乡的亲戚收到一封这样的来信：

"……欣喜地知道表哥、表妹的儿女双双考上大学，可桢心里非常激动，是你们的辛勤培育了他们，为我们家族争了光。告诉他们，现虽考上大学，但仍须努力，不要以为这就进了'保险柜'，'一分耕耘一分收获'，希望他们一定要记住这条警句……我虽老了，但很想回去看看，看看家里的老人和你们……"

亲戚们收到信后，激动异常，特别是家中的老人感到欣慰无比，可桢这么忙还能时时照应到家里，有什么还比这更重要的？

可见，竺可桢与亲戚的关系"相处"得多么融洽，虽然彼此不能经常见面，但不断有书信和礼品往来，使亲戚之间的关系能超越空间而永存。

亲戚间的来往还要注意发乎情，止乎礼。作为亲戚，希望彼此关系越来越好的意愿是好的，但是也不宜过于亲密，以至于到了不分你我的程度，就容易走向另一个极端，所以，为了处理好亲戚之间的关系，就要注意以下两点。

一是不要轻易接受馈赠。亲戚之间来往，经常会请客送礼，如家常便饭。这中间除了亲情之外，也免不了夹杂个人的利害。所以在接受亲戚的厚礼之前，定要三思而行，千万不要因贪利而使自己陷于被动的处境之中。

毕竟，受人之托，忠人之事，这无论是何种人脉，其结果都是必然的。但事物也要一分为二来说，任何事都不要走极端，不分青红皂白一概不收，毕竟，亲戚之间还有一种亲情存在，不要拒绝了亲戚出自亲情的好意，这中间就要靠一定的标准来判断了。

二是防"亲"之心不可无。荀子在论人性时说："人之性恶，其善者伪也。"人的性质如果看来是善的，那是他努力装扮成这样的，人性本来就是恶的。

人性究竟是善是恶，我们姑且不论，但在现实生活中，与亲戚打交道时也要小心谨慎，对亲戚也别只顾其"亲"，也要考虑一些防患对策，预防万一，否则待事情发展到无可挽回的地步就为时晚矣。

那该怎样去"防"亲戚呢?

《庄子》中指出："以利合者，迫穷祸患害相弃也。"这是讲，因利害关系相结合的人，在遭遇困难逆境时，很容易背弃对方。

如此看来，因为利害关系而形成亲戚关系，这种关系早晚会冷淡并中断。比如，当你飞黄腾达时，平时与你相处不怎么样的亲戚都来奉承你，沾你的光；而当你一旦失势，这些亲戚便会抛弃你。这样的亲戚平时一定要防着点，与之相处时一定要慎重，切不可为他的"亲情"所迷惑，从而使自己陷入尴尬的处境之中。

亲戚"不走不亲"、"常走常新"，因此亲戚之间一定要常来常往，这样才能沟通联系、深化感情、密切亲戚关系。这样把亲戚关系走近了，当你有了难处，亲戚才会愿意帮你。

把下属变成自己的得力助手

"独木难成林"，一个人要想成功，就必须获得众人广泛的支持，有个好人缘，"孤家寡人"在这个社会上是行不通的。

某知名广告公司老总郭某是个惜才爱才的人，他手下有二十几名杰出的广告设计人员，而且这些设计人员都对郭某忠心耿耿，拼死效力。那么郭某为什么有这么强大的凝聚力呢？用员工的话说就是"郭总有情有义"。从小蒋的经历就可以印证这一点。小蒋是某大学广告设计专业毕业的高才生，遗憾的是在毕业前夕，因醉酒和同学打架而被学校开除。这样一来，小蒋虽有满腹才华，但因为没有毕业证而在人才市场上备受冷落。但他的设计作品却打动了郭总，他破格将没有学历的小蒋录用了，还委以重任。小蒋也决心好好努力回报郭总的信任，但由于缺少经验，他的设计出现了一个致命的失误，给公司造成了很大损失，小蒋惭愧地向郭总递上了辞职信，但郭总却好言相慰，将他留下来，依然信任他，这使得小蒋万分感动，工作起来更加卖力。现在小蒋已经成了广告界有名的设计师，有几个公司曾以重金来挖小蒋，不过小蒋却不为所动。正是有了小蒋这样忠诚的员工，郭某的事业才越做越大，越做越红火。

郭某之所以能成功，就是因为他有一大批得力的下属，而他之所以会获得下属爱戴，还要归功于他的爱才、惜才，归功于他对与下属关系的成功处理。

1923 年，福特公司里一台新安装上去的大型电机不能正常运转，请来几位工程师都查不出毛病所在，眼看要影响整个生产计划了，福特很是着急。

这时，他的助手打听到有一位从德国来的移民科学家斯特曼斯对电机很内行，现在在一家小型工厂工作。福特急忙叫助手请来这位德国科学家。

斯特曼斯让电机不带负荷、空载运行，然后蹲在电机旁听了半天，又爬上电机听了半天，最后拿了一截粉笔，在电机的左边一个小长条大的地方画了两道杠杠，对福特说："毛病出在这儿，多了16圈线圈，拆掉多余的线圈就行了。"

果然，福特照他讲的去做，电机正常运转了。古板而神经质的斯特曼斯提出要一万美元的酬金，人们这时又惊住了，人们怎么也不愿把16圈圈线与1万美金等同起来。

斯特曼斯面对生气的人们淡淡一笑，说："用粉笔画一条线值1美元，知道在哪里画线值9999美元。"

福特表示自己愿意高薪聘他来公司工作。其待遇之高令常人吃惊。但是，这位德国科学家却不为所动，他解释说："现在的公司对我很好，在我最困难的时候，这家小公司救了我，现在我不能背弃公司。"听了这话，福特更坚定了要将这位不但技术高超而且又讲信用、重情义的人挖过来的决心。

福特到底是有超越常人的魄力的企业家，为了一个人才，他竟花巨资将那位德国科学家工作的小公司整个买了下来。这一举动使他爱才之名远扬海内外，各处贤才闻讯纷纷前来投奔。福特公司选了一大批有用之才充实到各个部门。从此福特公司兴旺发达。

除了尽可能多地把能人拉到自己身边外，还要懂得惜才，这样才能使人才为我所有，他们也才会全力支持你、效忠你。

金无足赤，人无完人。人才也会犯各种错误，这时作为领导者就要能够容短护短。所谓容短护短，就是根据领导管理活动的需要，在"伸缩度"允许的范围内，宽厚地容忍下属的短处，甚至适当偏袒下属。这样，既可以用他可用之处，又可以让下属感恩，成为你更坚实的依靠。

名扬古今的诸葛亮，不仅广揽人才、重用人才，还千方百计地保护人才。蒋琬，就是在诸葛亮的精心保护、培养下，才逐渐成为蜀汉政权中重要的谋臣的。

蒋琬，三国时零陵湘乡人，字公琰。在刘备入蜀前，他只是一个州衙门里的小吏，做些缮写文书之类的事。刘备入蜀后，让他做了广都县令。他办事公正，勤勤恳恳，又颇为妥善，受到了同僚们的赞赏和百姓的拥戴，也引起了诸葛亮的分外关注。可是，有一次刘备因事到了广都县，蒋琬却因醉酒而未出面欢迎，不禁大怒，当即将其革职，并判其死罪。诸葛亮闻知，火速赶来，奉劝刘备说："蒋琬平时办事严谨，勤奋公正，且博学多才，有治理国家的本领。这一次，只不过是他偶然的过失而已。再说，蒋琬一贯以安定百姓为本，不善于官场上的迎来送往，不宜因为眼前这件事而判其死罪。"刘备一向善于采纳诸葛亮的谏言，而今见他如此表示，也便收回成命，赦免了蒋琬的死罪，但仍然罢免了他的官职。

不久，诸葛亮又把蒋琬扶持起来，并大力培养。蒋琬也发奋努力，精忠报国，对诸葛亮更是感恩戴德。后来，蒋琬做了尚书郎，还曾代理丞相职务。诸葛亮率师出征时，总是让蒋琬全权负责军需保障，而蒋琬也总能做到"足兵足食以相供给"，帮诸葛亮解除了后顾之忧。数年后，当诸葛亮六出祁山病危时，还特地给后主刘禅写信，称赞蒋琬的人品与才干，并提议在他死后，让蒋琬来接替自己的职位。刘禅遵照诸葛亮遗嘱，先是命蒋琬为尚书令，总统国事，次年又令蒋琬为大将军，录尚书事。蒋琬终于成为继诸葛亮之后的蜀汉政权的又一依靠。

当然容短护短也是讲究方式方法的，在这方面，可以选择的方法很多，其中比较有效的是：

（1）当下属偶犯过失，懊悔莫及，已经暗地里采取了补救措施时，只要这种过失尚未造成重大后果，性质也不甚严重，领导者就应该佯作不知，不予过问，以避免损伤下属的自尊心；

（2）在即将交给下属一件事关全局的重要任务之前，为了让下属放下包袱，轻装上阵，领导者不要急于清算他过去的过失，可以采取暂不追究的方式，再给他一次将功补过的机会，甚至视具体情节的轻重，宣布减、免对他的处分；

（3）护短之前，不必大肆声张，护短之后，也无须用语言来点破，更不要摆出施恩者的样子，让下属感激自己。唯有一切照旧、若无其事，方能收到施恩无痕迹的最佳效果；

（4）当下属在工作中犯了错误，受到更高领导的责难，处于十分难堪的境地时，作为他的上司，不应落井下石，更不要抓替罪羊，而应勇敢地站出来为下属辩护，主动分担责任，这样做，不仅挽救了一个下属，而且将赢得更多下属的心；

（5）关键时刻护短一次，胜过平时护短百次，当下属处于即将提拔、晋级的前夕，往往会招致众多的挑剔、苛求和非议，这时候，就应该奋力抵制嫉贤妒能的歪风邪气，勇敢保护那些略有瑕疵的优秀人才。

一个人神通再广大，也无法事必躬亲，没有得力的人才相助，注定难以成功。所以，我们要像淘金一样去挖人才，挖得越多越好；要像爱惜手足一样爱惜人才，不为小过弃贤才。把人才变成你的朋友，这样人心才会向着你，有了众人的帮助，你也就有了迈向成功的法宝和靠山。

敬重老师维系人脉

蒙代尔教授是诺贝尔经济学奖的获得者，在学术界备受尊崇。在一次采访中，蒙代尔表示对自己一生影响最大的是他大学时的一位教授，没有那位教授，他也就无法走到今天。年轻时的蒙代尔家境贫寒，好不容易才读到大学毕业，但蒙代尔还希望能够继续深造，可是他该选择哪所大学呢？为此，他去向三位教授请教，第一位教授建议他找一个有钱的女孩结婚，让妻子供他上学；第二位建议他找一所奖学金较高的学校学习，这样可以减轻他的负担；第三位教授直截了当地告诉他，选一所你最想去的，最能造就你的学校，需要多少钱我来出。最后，蒙代尔接受了第三位教授的建议，去了麻省理工学院，24 岁时他已经成为经济学博士，并通过努力最终获得了诺贝尔奖。

如果没有那位教授的热心帮助，蒙代尔就很难顺利地走上诺贝尔奖的领奖台。可见，维系好师生关系，对一个人来说是非常重要的。老师了解你，教给你生活的本领，在必要的时候可以指点你、帮助你，所以如果你能理顺与老师的关系，那么你也就多了一分成功的助力。

学生在与老师相处时，一定要时时对老师表示尊重。尊师是一种美德，只有尊重老师，才能妥善地处理好自己与老师的关系，才能使老师器重你，才能达到你所要的目的。汉代张良就是因为具备尊师的美德，善于用尊字铺路，处理好师生之间的关系，所以得到了"太公兵法"。

我国著名的"两弹"专家钱学森在赴美留学时，本身已具备了核物理知识的扎实基础，但他并不满足于以前所学的东西，而是继续从基础学起，始终保持着尊师的态度，从而得到了当时学校各位美国老师的一致好评，使他们抛弃了对中国人的歧视观念，一心一意地传授知识给钱学森。终于，钱学森经过自己不懈的努力和尊师的态度，处好了在特殊环境下的师生关系，并且达到了自己留学美国的目的。

我们一定要注意尊重老师，是老师传授给你知识和各种本领，引导你走向一条通往辉煌的道路。所以于情于理在尊师问题上，你都应该永远注重。钱学森就是明白了其中的道理，所以才获得了老师的赏识，最终攀上了核物理学的高峰。

生活中，有不少人错误地认为，在学校时固然要注意同老师的关系，但出了校门后，这份关系就没什么用处了，因此也不必再与老师拉关系。其实这种想法是错误的，师生关系是一项重要的人脉资源，说不定什么时候它就能给你带来意想不到的好处。

小蔡上学时是学校的活跃分子，跟同学、老师的关系都不错。毕业后，同学们各奔东西，彼此间的联系变少了，更是很少有人想起给昔日的老师打个电话、问声好。但小蔡却是个特例。毕业后他不但主动跟同学联系，还常回学校探望老师，与老师的关系反倒比上学时走得更近了。小蔡学的是师范英语，毕业后就在本地一所高中当老师，但是这样毫无新意的生活和他的个性并不相符，他觉得很苦恼不知何去何从。有一次，陪几个老师闲聊时，他说出了自己的烦恼，他过去的班导笑了，"就知道你小子待不住！你这个性还真不太适合做老师！"这时计算机老师给他提了个大胆的建议，"小蔡，我觉得你个性活跃，敢想敢干，更适合在竞争激烈的环境里奋斗！现在社会上缺少的是综合能力强的人才，你是学英语专业的，文笔也不错，对于计算机也很了解，如果去涉外企业，应该会干得很出色！你应该为自己作个长远规划，是要当一辈子你不喜欢的老师，还是冒点险出去闯闯，决定权就在你手中！"老师的话让小蔡非常震动，经过一番考虑后，他决定出去大干一场！临行前，一个外教又送给小蔡几张朋友的名片，他们都是外企的经理、主管，让小蔡跟他们联系一下。两个月后，小蔡在一家德资企业做协理；两年后，小蔡已经成了一家中美合资公司的总裁特助，公司给他配了汽车，月薪过万。大家都说小蔡变化特大，当然，他喜欢和老师同学保持联系的习惯还是没变。

我们应当正确认识师生关系，正确处理师生关系，这对每个人都是大有益处的。那么处理师生关系时要注意哪些问题呢？

（1）注意小节。无论是在上学时，还是在毕业后，我们都应该在老师面前保持恭谨的态度，注意小节。比如语气上对老师要客气，举止上要有礼，要让老师感受到你的敬意。曾经有一位先生毕业后飞黄腾达，志得意满，有一次居然在公共场合称呼以前的一位老师为老×，这位老师气得拂袖而去，而他的这种做法，也给在场的领导、同事留下了极差的印象。

（2）不忘师恩。在今天物欲充斥的社会里，很多人都忘记了尊师之情。如果你能对老师表现出感激之意，就会让老师们感到非常欣慰。一封问候信，一个礼仪电话或一件小礼品，都显得弥足珍贵，只要你有心，这其实不难做到。

（3）态度谦逊。一些人在社会上功成名就后，总忍不住炫耀自己。但无论你有多得意，也千万别到老师面前吹嘘，这对你、对师生关系绝不会有任何好处。某君上学时非常顽皮，经常被老师训斥，但毕业后却来了个大翻身，经过 10 年的商海翻腾，成了一个大公司的经理。同学会上，大家纷纷祝贺某君，以前曾经训斥过他的班主任老师也不断夸赞他。某君非常得意，大声地说："以前啊，谁都觉得我不会有前途，谁知道这一不小心还折腾成了个经理！现如今，我手下管着百来号人呢！电视台还想采访我，报社也要采访我，可我这么大买卖哪有时间理他们啊！就让秘书一律挡驾！人真没法说！老师，你当年也没想到我会有今天吧！"听完某君的话，老师的脸沉下来，同学们也都觉得他太狂妄，于是一场同学会不欢而散，以后再有聚会同学也很少找他。

在儒学传统中，尊师是一项重要的美德，甚至还有"一日为师，终身为父"的说法。在今天，师生关系已被时代赋予了新的含义，师生关系已经成了一种值得珍惜的、有价值的人脉资源，如何处理好师生关系，已经成了每个人的必修课！

第五课

拓展人脉方略

如果想拥有好人脉，你就需要具有拓展人脉的基本能力，培养自己儒雅的风度，修炼自己的交际能力。

主动是一种勇敢

在现实生活中，很多人缺少朋友，这是由于他们在人际交往中总采取消极的、被动的退缩方式，总是期待友谊从天而降。这样，使他们虽然生活在一个人来人往的世界里，却仍然无法摆脱心灵上的孤寂。这些人，只做交往的被动响应者，不会做交往的主动者。

要知道，他人是不会无缘无故对我们感兴趣的。因此，如果想赢得别人的信任，与别人建立良好的人脉，摆脱孤独的折磨，就必须去主动交往，好的人际交往属于那些经常采取主动的人，这正是一种做人的互动原理。

在人际交往中，有许多偶然的事情将决定你的未来命运，但所谓世上没有无源之水、无本之木。你必须懂得主动，也就是懂得主动去寻找关系，将爱心和诚心放在首要的位置，你才能赢得对方的尊重和好感，也许某一天，你就会收到这种意外之喜。

在一个多雨的午后，一位老妇人走进费城一家装潢公司，大多数的柜台人员都不理她。就在这时，有一位年轻人走过来问她，是否能为她做些什么。当她回答说只是在避雨的时候，这位年轻人没有向她推销任何东西，虽然如此，这位服务人员并没有离去，转身拿给她一把椅子。

雨停之后，这位老妇人向这位年轻人说了声谢谢，并向他要了一张名片。几个月过后，这家店长收到了一封信，信中要求派这位年轻人前往苏格兰收取装潢一整座城堡的订单！

这封信就是这位老妇人写的，而她正是美国钢铁大王卡内基的母亲。当这位年轻人收拾行李准备去苏格兰时，他已升格为这家百货公司的合伙人了。

洪福不是随便掉下来的，这要看你是否能主动发现良机。这位年轻人能获得极好的发展机会，主要原因就在于他比别人更主动，比别人更尊重与他人之间的关系。虽然他的行为看似普通，但是足够打动老妇人的心，有了对他极大的好感，从而才有了他后来的好运连连。

著名社会心理学家霍曼斯提出，人际交往本质上是一个社会交换的过程。换句话说，我们在交往中总是在交换着某些东西，或是物质，或是情感，或是其他。人们都希望交换对于自己来说是值得的，希望在交换过程中得大于失或至少等于失。不值得的交换是没有理由进行的，不值得的人际交往更没有理由去维持，不然我们就无法保持自己的心理平衡。因此，人们的一切交往行动及一切人脉的建立与维持，都是依据一定的价值尺度来衡量的。

因此，在这个观念的引导之下，社会生活就产生了一个新的原则，那便是——每当进入一个新的环境，每当有机会接触新的领域的时候，最重要的事情就是结交这个新环境的人，建立人脉，并且必须积极主动，由于大多数人都是被动的，他们不会走上前去和你主动结交，除非你主动，不然也许不会有人主动找你，这是人之常情。倘如你拥有超越常人的主动性，你就会赢得很多朋友，也就有了一切。

记住，在人际交往中，人脉最为重要。只有当你有了超越常人的地方，当你出名的时候，他人才会主动找你，在此之前，你必须主动走进他人的世界，去创造自己的人脉网络。

其次，正因为你吸引他人靠的是自己的长处、优势，因此，必须让自己的优势暴露在他人面前，只有这样才会吸引他人。

最后，最重要的也是核心，那就是超人的主动，主动去结交交往中的每一个人，进入一个新环境的关键任务就是结交朋友、建立人脉，长期地坚持练习，使之成为一种习惯，这样你便在任何地方有了立足之地。要知道，主动是另一种勇敢。

赞美的话也要"巧"说

无论男女老少、尊卑贵贱都喜欢他人对自己的赞美。赞美能给他人带来成倍的成就感与自信心，是一种感化他人、拉近彼此距离最有效的方法。

赞美往往能拉近彼此之间的距离，无论双方是否相识。

一位管理大师说："促使人们自身能力发展到极限的最好方法，就是赞赏和鼓励……"

渴望得到他人的赞美是人的一种天性。生活让人们懂得，恰当的赞美可以抬高他人的自尊，并能以此获得他们的友善与合作。正如有的人所说："夸赞别人，是种很奇怪的经验，你夸赞别人越多，就会发现自己受惠也越多。"

那些成功的领袖几乎每个人都是使用这种方法的能手。罗斯福似乎有一种天生的本领，他常常能够做到恰如其分地使用吻合某人特征的语言来夸奖与赞美这个人。

桑德伯格曾这样评价林肯称誉的水平："观察出某人的兴趣所在和他的自我欣赏之处，然后再说一些诚挚并且能切合他的性格与兴趣的话。这是林肯每日必做的功课。"林肯自己也曾说过："一滴蜜糖比一加仑苦胆汁能捕获到更多的苍蝇。"

当然，在人际交往中，我们也曾见过不恰当的颂扬和奉承，激起的只是对方的疑虑甚至厌恶。恰如雨果所言："我宁可让别人侮辱我的好诗，也不愿别人赞美我的坏诗。"因此，赞美也要恰当，做到恰如其分，要讲究艺术与技巧。下面介绍一些赞美他人的简单策略，只要我们牢记这些经验，赞美就很容易奏效。

（1）赞美对方要找难点

有的人不喜欢他人赞美他显而易见的优点，因为他认为这些优点是很自然的事情，没有必要加以恭维。相反，如果是赞美他不为人所知的优点，他会很有成就感，会感到十分的受用。

著名记者弗里德·凯利曾对洛克菲勒和卡内基两人乐于接受的恭维作过这样的描述。

凯利说："对洛克菲勒这位石油大王，倘若有人称赞他善于打理琐碎的家庭经济，他一定会乐不可支。同时，他也很喜欢听别人说他对教会和主日学堂是怎样地热心。"

有一次，当凯利对洛克菲勒向主日学堂里的一群小孩子所发表的谈话说了两句赞美的言辞时，他立刻就变得十分兴奋。

凯利又说："而对钢铁大王卡内基，只要你恭维他某一次演说非常成功，说他的演说是怎样有价值、怎样动人，那么你就很容易让他开口回答平时不愿搭理的问题了。"

这些便是洛克菲勒和卡内基个人所关心的独特的虚荣。相反，假如有人当面赞美他们的商业和领袖才能，在他们听来反而会觉得没有诚意甚至是愚蠢的。

成功学大师卡耐基用一位异常能干的人——罗伯特·沃波尔爵士来举例："他的才干是不需要人家恭维的，因为他对自己在这方面的能力很清楚。但是，这个人是一个浮华之徒，就像花花公子一样，而他又很害怕他人这样看他，在这些地方他极希望被恭维、奉承，十分乐意别人说他温文尔雅。这是他最乐意谈到的话题，当然，这也恰恰证明了他的弱点所在。"

（2）赞美的度一定要把握好

由于某些时候，赞美的太多还不如少赞美管用。培根说："即使好心的称赞，也要适可而止。"

西奥多·罗斯福总统的军事参谋阿奇·巴特对这一问题就有着清醒的认识。

在与罗斯福交往过的人中，很少有人当着罗斯福的面指出他的错误。这些人嘴里永远这样不停地唠叨："简直太不可思议啦！这难道不是奇迹吗？多么超凡出众啊！"巴特称他们为："一群疯狂的摇尾者"。

虽然巴特十分钦佩罗斯福，但是他并没有像这些"疯狂的摇尾者"一样，嘴里充斥着阿谀奉承。结果，很少有人能比他更顺利地赢得罗斯福总统的尊重和赏识。

当然，赞美他人并非不讲原则，否则，就有阿谀奉承之嫌了。真正明智之人对于无休止的恭维和艳羡也并不喜欢。我们绝对不可以随随便便地恭维他人。对于那些摸不清底细的人，最好慢慢去深入了解，等到找出他们喜欢的赞扬方式，再使用这一策略也不迟。比如，一个你根本不相识的人，一见面就对你的头发和指甲指手画脚地赞美一番，以致所有人都对这种毫无头绪的赞美感到莫名其妙。因此，赞美要了解对方的喜好，否则马屁有可能拍到马蹄上。

在与他人交往的过程中，恰当地运用你的赞美，你会发现人们是多么欢迎和尊重你，你也会因此获得更多朋友。

幽默的谈吐是"修养"出来的

在人际交往中，幽默感起到了重要的作用，幽默感不完全是与生俱来的，而主要是在后天的社会实践中培养和训练而成的。每个人都喜欢谈吐幽默的人，也希望自己谈吐很幽默。

要想使自己在短时间内变得幽默，并不是一件很容易的事情；但要想逐渐成为一个颇有幽默感的人，也是有法可循的。

具体来说，在人际交往中，要想使自己的谈吐幽默风趣，你必须拥有渊博的知识和深刻的社会经验、良好的文化素养和语言表达能力、敏锐的洞察力和想象力、高尚优雅的气质以及自信、乐观、镇定、轻松的情绪。

那么，如何才能在人际交往中使自己的谈吐变得幽默起来呢？

（1）认真领会幽默的内在含义，幽默不是油腔滑调，也不是嘲笑或讽刺。

正如一位名人所说：浮躁难以幽默；装腔作势难以幽默；钻牛角尖难以幽默；捉襟见肘难以幽默；迟钝笨拙难以幽默。

只有从容、平等待人、超脱、游刃有余、聪明透彻才具有幽默。幽默需要你机智而又敏锐地指出别人的缺点或优点，在微笑中加以肯定或否定。

（2）扩大知识面，幽默是一种智慧的表现，它必须建立在丰富知识的基础上。

一个人谈吐幽默，首先要拥有聪明的才智，而要拥有聪明的才智，前提是掌握丰富的文化知识，培养自己良好的文化素养。

一个人只有拥有了审时度势的能力、广博的知识，才能做到谈资丰富、妙言成趣，从而做出恰当的比喻。所以，要想培养幽默感，就必须广泛涉猎，充实自我，不断从浩如烟海的书籍中收集幽默的浪花；从名人趣事的精华中撷取幽默的宝石。假如你能够对古今中外、天南地北等方面的知识都有所了解，再加上自身较强的驾驭语言的能力，那么，你在交际的过程中，谈吐就容易变得生动幽默。

（3）幽默需要创意和形象思维，在交往中，要想谈吐幽默，联想是必不可少的。

具体来说，不仅需要反复研究和品味幽默名家的作品和来自民间的幽默精品，还要广泛地了解各种艺术的形式，增强自己的艺术敏感度，训练自己由此及彼、由表及里，在各个意向间构建联想的能力。这其中没有什么大道理可讲，你应该做到的是从一个实实在在的例子中去领悟和消化。

（4）陶冶情操，乐观地对待现实，幽默的谈吐是建立在高尚的情趣和乐观的信念的基础之上的。

要想谈吐幽默，就要心胸宽广，品德高尚，对人充满热情，拥有较高的思想境界和涵养。

幽默是一种宽容精神的体现。要使自己学会幽默，就要学会雍容大度，善于体谅他人，克服斤斤计较，同时还要乐观。乐观与幽默是亲密的朋友，在交际中如果多一点趣味和轻松，多一点笑容和游戏，多一份乐观与幽默，那么，就没有克服不了的困难，也不会出现整天愁眉苦脸，忧心忡忡的痛苦者。

"幽默属于乐观者，幽默属于乐观中的强者"，这句话有一定的道理。谈吐幽默是一个人对生活乐观态度的反映，是对自身力量充满自信的表现。

拥有乐观信念的人，才能对生活中一些不近人情的事情坦然接受；只有对自己的前景充满希望的人，才能发出由衷的笑声。即使暂时身处逆境，仍会对生活充满信心，在生活中发掘幽默，用快乐来抚平生活中的创伤。而对一个心胸狭窄、思想颓废、整天眉头紧锁的人来说，快乐只不过是幻觉，生活充满了痛苦和绝望，这种人怎么会有幽默感，谈吐怎么会幽默呢?

（5）培养深刻的洞察力，提高观察事物的能力，培养机智、敏锐的能力，是提高幽默感的一个重要方面。

只有迅速地捕捉事物的本质，以恰当的比喻、诙谐的语言，才能使人们产生轻松的感觉。当然，在幽默的同时，还应该注意，重大的原则总是不能马虎，不同问题需要不同对待，在处理问题的时候要具有一定的灵活性，做到幽默而不落俗套，使幽默能够在精神生活上提供真正的养料。

要使自己的谈吐幽默，最好的办法是从生活当中学习。一个人的幽默感同他的社会活动是紧密相连的。要想谈吐幽默，你必须培养自己的观察力，而要培养出较强的观察力，就应该注意认真观察周围的事物、深刻体验生活。经常跟各行各业的人交流，你会意外地发现他们独特而新鲜的幽默。幽默也是一种酵母，和幽默的人在一起，时间长了自己就会受到传染。我们要有意识地接触幽默感比较强的人，通过接触与交谈，增强自己的幽默感。

在社交的过程中，要尽量做到活泼、轻松、潇洒，尽量把话说得机智、逗笑。你还要学会欣赏他人的幽默，多学习那些诙谐、幽默的人开玩笑的方法、方式。

当然，开始尝试的时候也许你会觉得力不从心，但只要你在社交中不断地实践，你就能在言谈的话语间自如地运用幽默。到那个时候，你的幽默就不再是矫揉造作的逗笑，而是自然而然的流露，正所谓"无意幽默，而幽默自现"。当然，在人际的交往过程中，幽默没有现成的与固定的模式可以遵循，也只能因人、因事而异。

巧避锋芒，得饶人处且饶人

在与他人交往的过程中，难免会发生争论。当双方的争论已经发展到"剑拔弩张、一触即发"的状态时，得理占势的一方应当有"得饶人处且饶人"的风范，而不应该对另一方穷追猛打。

当然，"饶人"也需要讲究语言的艺术，就是要在无损双方面子和尊严的情况下达成一定的妥协。

要做到这一点，就要注意选择恰当的语言方式和技巧。

（1）搭台阶，"你好我好"巧圆场。在日常交往中，有些人特别固执己见，常为一些小事同他人争论，并且火药味儿十足。这时，有理的一方应有饶人的雅量，可以一面解释一面调和，最好使用不带刺激性的"各打五十大板"或者"你好我好"的语言，避免冲突扩大。

有一次，王先生上岳父家去吃饭，进餐时同岳父聊起了一条高速公路的修建问题。王先生强调：公路的进度一再推迟，是有关方面的一个严重错误；而岳父则不同意，认为公路本来就不该兴建。两人你一言我一语，争论渐趋激烈。那位岳父大人把问题扯到"年轻人自私心重，没有环保的意识"上面，显然是在批评王先生。王先生怕再争论下去伤和气，便开始缓和下来，婉转地说："可能我们的看法永远也不会合辙，可是，那没有什么。或许我们都是对的，或许我们都是错的，这也是未可知的事情。"

王先生的一席话，不仅给自己搭了个台阶，也给对方打了圆场，避免了双方争论不休、矛盾扩大，影响感情。试想，如果王先生意气用事与岳父争论下去，结果会怎么样呢？很可能惹火老岳父，被臭骂一顿。

（2）息干戈，妙设难题巧诫人。在双方激烈的争辩中，占理的一方如果认为说理已无法消除歧见，不妨采取一种"外强中干"的警示性语言终止争论，将一个两难选择摆在对方面前，就能收到警心诫人、平息干戈的效果。

生物学家巴斯德，一次在实验室工作时，一位男子突然闯了进来，指责他诱骗了自己的老婆。争论中对方提出了决斗。清白无辜的巴斯德完全可以将对方赶出门去，或奋起决斗，但是那样并不能解决问题，甚至会造成两败俱伤的恶果。这时候巴斯德沉着地说："我是无辜的……如果你非要决斗，我就有权选择武器。"对方同意了。巴斯德指着面前的两只烧杯说："你看这两只烧杯，一只有天花病毒，一只是净水。你先选择一杯喝掉，我再喝剩下的一杯，这该可以了吧？"那男子一下子怔住了，陷于难解的死结面前，只得停止争论与挑战，尴尬地退出了实验室。

正是巴斯德提出的绵里带刺的难题，才使决斗告吹，干戈就这样止息了。

（3）化窘迫，类比影射巧暗示。一般来说，争辩中占有优势的一方，千万别把话说得过死、过硬，即使对方全错了，也最好以双关影射之言，迫使对方认错道歉，从而体面地结束无益的争论。

一位顾客在一家餐馆吃饭，发现汤里有只苍蝇，不由得大动肝火。他先质问服务员，对方全然不理。他找到了餐馆的老板，抗议道："这一碗汤，究竟是给苍蝇的还是给我的，请解释。"那老板只顾训服务员，却不理睬他的抗议。他只得暗示老板："对不起，请您告诉我，我该怎样对这只苍蝇的侵权行为进行起诉呢？"老板这才忙换来一碗汤，并谦恭地说："您是我们这里最尊贵的客人！"

显然，这位顾客虽理占上风，却没有对老板纠缠不休，而是借用所谓苍蝇侵权的类比之言暗示对方："只要有所道歉，我就不计较。"这样，自然就既幽默风趣又十分得体地化解了双方的窘迫。

（4）止争吵，幽他一默巧解纷。人与人交往的过程中，发生争吵在所难免，甚至夫妻那样的亲密关系，也不会例外。这时候，最好的方式是使用调侃、幽默的言语，浇灭对方的怒气，达到释疑解纷的效果。

有一女子虚荣心很重，当夫妻商量出席友人的婚礼时，她缠着丈夫要买一种昂贵的花帽。此时正值夫妻闹"经济危机"，丈夫自然不肯答应。争吵中，妻子赌气地说："人家小张和小王的爱人多大方，早就给她们买了这种花帽，哪像你，小气鬼！"丈夫不愿争论，只是故意夸张地说："可是，她俩要是有你这样漂亮，还用买帽子装饰吗？"妻子一听这幽默的赞语，不觉转怒为喜了。

（5）息怒火，诚恳解释巧劝慰。人和人交往过程中的争辩，大多是由于互相不了解，有失沟通造成的。这时，得理的一方最好是多加解释、设法沟通或者道歉、劝慰，与对方达成谅解或共识。

一家医院里，病人挤满了候诊室，一个病人排在队伍中，将手上的报纸都看完了也没有挪动一步。于是他怒火万丈，敲着值班室的窗户对值班人员大喊："你们这是什么医院？这么多人排队你们看不见吗？为什么不想办法解决？我下午还有急事呢！"值班员面对病人的怒火，耐心地解释说："很抱歉，让你等了这么久。是这样的，医生去手术室了，抢救一个重危病人，一时脱不了身。我再打电话问问，看看他还要多久才能出来，谢谢你的耐心等候。"

患者排大队得不到及时的诊治，责任并不在那个值班员的身上，但是面对病人的错怪，他却沉住气，一面解释，一面劝慰，这就比以怒制怒、火上浇油的回答好多了。

相信，有了以上这些恰当的语言方式和技巧，任谁都能拥有一个好人脉。

大智若愚，揣着明白装糊涂

清代画家郑板桥有一句名言叫"难得糊涂"，这是一种人生智慧，而揣着明白装糊涂，有时则是大智若愚的表现。

在与人交往、交谈时，世事洞明、人情练达的人往往懂得适时地假装糊涂，从而达到自己说话的目的。

在现实生活中，人们在进行交谈交往时，经常会碰到一些自己不能回答或不便回答但又不能拒而不答的问题，这时，最好的办法就是假装糊涂，巧妙地回避问题。

闪避是言语交际中从礼貌的角度出发的做法，它的要求是：对别人所问，应当回答，但答要答得巧妙，迂回地达到躲闪、回避别人问话的目的。既要让别人不致难堪得下不了台，又要维护自己不能答、不便答的原则。

阿根廷著名的足球运动员迪戈·马拉多纳在与英格兰球队相遇时，踢进的第一球，是"颇有争议"的"问题球"。据说墨西哥一位记者曾拍下了"用手拍入"的镜头。

当记者问马拉多纳，那个球是手球还是头球时，马拉多纳机敏地回答说："手球一半是迪戈的，头球有一半是马拉多纳的。"马拉多纳的回答颇具心计，倘若他直言不讳地承认"确系如此"，那么对裁判的有效判决无疑是"恩将仇报"。但如果不承认，又有失"世界最佳球员"的风度。而这妙不可言的"一半"与"一半"，等于既承认了球是手臂撞入的，颇有"明人不做暗事"的大将气概，又在规则上肯定了裁判的权威，亦具有了君子风度。

交往中，有时常会遇到由于对方提出的问题比较敏感，或者涉及某种"隐私"，既而不好回答，面对客人又不能不答的局面，这时也须用假装糊涂来给予回答。不过这种假装糊涂与前面的假装糊涂有所不同，前面的假装糊涂是故意让对方知道自己在为对方掩盖错误以便讨得对方信任或增加友谊的一种主动行为。而这种假装糊涂是在对方首先提出问题，自己本不想答但又不得不答的情况下，或"移花接木"或"引入歧途"从而使对方既不尴尬，自己又能反客为主的应变技巧。两者虽归于一类，但却有质的不同。如：

一次，乾隆皇帝突然问刘墉一个怪问题："京城共有多少人？"刘墉虽猝不及防却非常冷静，立刻回了一句："只有两人。"乾隆问："此话何意？"刘墉答曰："人再多，其实只有男女两种，岂不是只有两人？"乾隆又问："今年京城里有几人出生？有几人去世？"刘墉回答："只有一人出生，却有 12 人去世。"乾隆问："此话怎讲？"刘墉妙答曰："今年出生的人再多，也都是一个属相，岂不是只出世一人？今年去世的人则12 种属相皆有，岂不是死去 12 人？"乾隆听了大笑，深以为然。确实，刘墉的回答极妙。因为皇上发问，不回答不行；答吧，心中无数又不能乱侃，这才急中生智，趣对皇上。

这就叫做答非所问。

洪武年间的郭德成就是一个大智若愚的聪明人。

当时的郭德成，任骁骑指挥，一天，他应召到宫中，临出来时，明太祖朱元璋拿出两锭黄金塞到他的袖中，并对他说："回去以后不要告诉别人。"面对皇上的恩宠，郭德成恭敬地连连谢恩，并将黄金装在靴筒里。

但是，当郭德成走到宫门时，只见他东倒西歪，俨然是一副醉态，快出门时，他又一屁股坐在门槛上，脱下了靴子——靴子里的黄金自然也就露了出来。

守门人一见郭德成的靴子里藏有黄金，立即向朱元璋报告。朱元璋见守门人如此大惊小怪，不以为然地摆摆手："那是我赏赐给他的。"

有人因此责备郭德成道："皇上对你偏爱，赏你黄金，并让你不要跟别人讲，可你倒好，反而故意露出来闹得满城风雨。"对此，郭德成自有高见："要想人不知，除非己莫为，你们想想，宫廷之内如此严密，藏着金子出去，岂有别人不知之理？别人既知岂不说是我从宫中偷的？到那时，我怕浑身长满了嘴也说不清了。再说我妹妹在宫中服侍皇上，怎么知道皇上不是以此来试一试我呢？"

现在看来，郭德成临出宫门时故意露出黄金，确实是聪明之举。恰如郭德成所言，到时的确有口难辩，而且从朱元璋的为人看，这类试探的事也不是不可能发生。郭德成的这种做法，与一般意义上的大智若愚又有所不同，他不只是装傻，更是预料到可能出现的麻烦，防患于未然。

在现实生活中，一般人很难达到大智若愚的境界，但这也无妨，只要为人、处世、说话懂得适时地假装糊涂，避重就轻，就能够取得良好的交际效果。

沉默是金，以静制动

多言是浮躁的象征，由于这些口头慷慨的人，行动往往吝啬。一个说话极其随便的人，一定没有责任心。话多不如话少，话少不如话好，多言不如多知，即使千言万语，也无法比及一件事实留下的印象深刻。

沉默是人际交往中一种隐藏了千言万语的无声状态，是个人思想与情绪的一种流露，是双方信息交流过程中的一种反馈形式，是一种潜意识交流的形式。

该沉默的时候就要沉默，但是我们也要学会"读懂"他人的沉默，一些思想可以用感觉传达，而有的思想却只能用沉默表示。

在与他人交往的过程中，有时会遇到这些情况：有人倚仗某些势力，摆出一副高高在上的姿态，说话咄咄逼人；有人由于某些问题不合心意，便喋喋不休；有的人性格粗鲁，说话不分青红皂白。此时，最好的方式就是保持沉默，以静制动，这样就能使这些人感觉自讨没趣、知难而退。

（1）用沉默对付喋喋不休者。转移话题的缄默能使人乐而忘求，对要回答的问题保持缄默，而选准时机谈大家的热门话题并引人入胜，使对方无法插入自己的话题，并在谈话中悟出道理，检讨自己。

义无反顾的缄默能使人就范，有一次，某领导交代下属办一件比较困难的任务，当然，他能胜任。交代后，对方讲起了"价钱"。于是该领导义无反顾地保持缄默，连哼也不哼。"困难如何大……"，"条件如何差……"，"时间如何紧……"，说了几句见没人理睬也就不说了。最后说了一句："好，我一定完成。"

沉默是金，有时沉默不语能够出奇制胜，假如滔滔不绝，反而有理说不清。

林肯是一位勤勉好学的人，他通过自学，领得了律师营业执照。他在法庭诉讼中的能言善辩、机智灵活，赢得了人们普遍的赞誉。有一次，他竟一言不发而击败了原告律师，在诉讼中获胜。

在法庭上，原告律师滔滔不绝，把一两个简单的论据反反复复地讲了两个小时，法官与听众都显得很不耐烦，一片议论声。有的人竟打起瞌睡来。最后，原告律师终于说完了，林肯作为被告律师从座椅上站起来，却一言不发。台下一片肃静，人们都感到很奇怪。

过了一会，林肯把外衣脱下，放在桌上，然后拿起水杯喝口水，再把水放下，重新穿上外衣。然后又脱外衣又喝水。如此循环了五六次，法官与听众被林肯的哑剧逗得哈哈大笑，而林肯却始终未发一言，在笑声中又坐回到自己的位置上，他的对手最终被"笑"输了。

（2）用沉默对付性情粗鲁的人。性情粗鲁者说话不管不顾、横冲直撞，对付这种人是不可能正面交涉的。俗话说，秀才遇上兵，有理说不清，尽管你的尊严、人格以及感情受到伤害，但只要你一出手，便会陷入难以应付的场面，特别是面对突如其来的羞辱，最重要的一点就是要注意避免发火动怒。假如你不是沉着从事，而是失去理智，那就会给挑衅者提供机会，让其占据优势，结果使自己处于更为不利的地位。

尽管羞辱人的言语是恶毒的、残酷的、卑鄙的、无聊的，但你不可以被他的一句羞辱而气愤得像他一样失去理智。应付他的基本对策是保持镇定冷静，这样你才能稳操胜券。

在洛克菲勒的轶事中，曾有一位不速之客突然闯入他的办公室，直奔他的写字台，并以拳头猛击桌面，大发雷霆："洛克菲勒，我恨你！我有绝对的理由恨你！"接着那位客人恣意谩骂他达几分钟之久。办公室所有的职员都感到无比气愤，以为洛克菲勒一定会拾起墨水瓶向他掷去，或是吩咐保安员将他赶出去。然而，出乎意料的是，洛克菲勒并没有这样做。他停下手中的活，和善地注视着这位攻击者，那人越暴躁，他就显得越和善！

那个无理之徒被弄得莫名其妙，渐渐平息下来。由于一个人发怒，遭不到反击，是坚持不了多久的。他是准备好了来此与洛克菲勒决斗的，并想克菲勒会怎样回击他，他再用想好的话去反驳。但是，洛克菲勒就是不开口，由此他也不知该如何是好。

再如，葛力内在一次会议中对一项决议投了反对票。

这个政党的领袖来到他的办公室对他进行指责，说他简直是本党的叛徒，企图破坏该政党组织。

葛力内正在写稿，见他进来后仍没抬头，好像没有意识到他就在自己的身旁一样。来客见葛力内如此冷淡，更是火上浇油，越发显得生气，于是对葛力内辱骂起来。但是，葛力内就是不予理睬，依旧默默地写着他的东西。

来客无可奈何，绕着葛力内的桌子兜了一圈，回到原位，又滔滔不绝地重说了一遍。虽然来客几番重复这套盛气凌人的指责，但葛力内始终没有停下手中的活。直到来客词穷怒息，准备离去，葛力内才慢慢停下手中的笔，抬起头来，轻轻地一笑，丢过去一个得意的眼色，说："干吗那么着急走啊？回来尽情地发泄吧！"

沉默是金。有时，要想让他人闭上嘴巴，与其用言语压倒对方，倒不如保持沉默。兵法上把这称为"以静制动"，它的威力有时要远远胜过言语。

第六课

轻松维护人脉

有些人只重视拓展人脉关系，可是在维护上却十分大意，往往轻易地将好不容易积累的宝贵资源又丢失掉，这是十分令人可惜的。在人脉的维护上，我们应该向蜘蛛学习。蜘蛛总是精心地弥补自己的网，因为那是它捕捉飞虫的工具。我们如果把人脉关系上升到我们能否生存下去的高度，自然就会用心维护了。

在关系中寻找机遇

人生中的很多机遇，都是在与他人交往过程中出现的，有时甚至是漫不经心时，朋友的一句话或关心、帮助都可能化为难得的机遇。

每一个伟大的成功者背后，都有另外一个成功者。在许多情况下，人们都是靠着他人的推荐、提供信息与其他各方面的帮助，才获得了难得的机遇。

成功人士几乎都有一项特长，就是善于观察、了解、学习他人，并且拉近、保持与这些人的关系，进而动用这些关系。这可是全世界的成功者共同的特质，同时也是最宝贵的经验。

从某种意义上讲，任何人都需要借助各种各样的关系寻找机遇。

纯粹意义上的赤手空拳打天下，白手起家是不存在的，也是不现实的。大凡成功者必善利用各种关系，从而使自己拥有一双能翱翔寰宇的羽翼，比他人飞得更高、更远。

当今时代，本领再大的人，仅凭一人之力，也必寸步难行。因此，要想成功，就得借用各种关系，善于借用各种关系是成功的关键所在。借用各种关系，即充分利用各种人脉的资源，借势造势、借力发力、借光沾光、借用各种可借关系、使自己的目标轻而易举地达成，使自己期望的梦想凭借好风直上青云。在一个遍布各种网络，交织各种关系的当今社会中，唯有会借者成，善借者赢。

当今时代到处充满着机遇与挑战，无论做什么事，都要面对激烈的竞争与复杂的关系。虽然人人都渴望成功，但是事实告诉我们，要想成功，没有关系是很困难的。

对于人脉的维系，很多人都认为可有可无，甚至有些人会觉得这是在浪费时间，然而他们所不知的是，人脉的力量是巨大的。人作为一个独立的社会个体，是无法脱离群体而单独存在的。无论你是否愿意，你都必须承认，在当今社会，没有任何一个人能够仅仅依靠自己的力量活下去。因此，当我们在探讨一个成功的典范时，最原始的评价基础是：这个人，不管他本身的能力怎样，假如没有周围各种关系的协助，他的成功之路将走得非常艰辛。

美国著名的杂志《人物》在 2002 年发刊词中有这样一段话："如果不相信，你可以回忆以往的一些经验，你会发现原本以为是自己独立完成的事，其实，背后都有他人的协助。因此，无论在什么场合你都应该尽量表现出真正的自己与自己真正的能力，他人将会给你很多有用的建议。绝不可低估人脉的力量，否则你将白白失去有利的帮助之力。"

美国西北铁路公司前任总裁史密斯曾经说过："铁路的成分中 95％是人，5％才是铁。"可见，没有人脉的人生是不可想象的，也是近乎天方夜谭的，谁都不能回避它在生命中所占的重要位置。既然如此，我们别无选择，只能去正视它、利用它来创造我们在社会生活中的优势，从而达到自己理想的目标。

随着知识经济时代的到来，在社会的发展中构建人脉的目的性会更强。由于所有的人都希望实现自我利益的最大化，而与各利益主体建立良好的人脉恰恰是实现这一目标最方便快捷的途径，因此，人脉的价值被越来越多的人重视起来。

曾经有很多人这样认为："30 岁以前靠专业赚钱，30 岁以后靠关系赚钱"，可见人脉的重要性。

人的交往越广泛、社会关系越多，人生中的机遇就会越多。当然，当你准备与他人建立关系时，必须独辟蹊径，有效争取他人的兴趣、好感与信任。千万不能落入俗套，否则他人就不会搭理你。

另外，还要注意一点，在与他人交往和建立社会关系的过程中，绝对不要急功近利。

尽管机遇是在交往中实现的，但在初步交往中，人们很可能没有看到这种机遇，假如由此而冷落了交往对象，就会使你的交往毫无价值。

真正形成可靠、牢固的社会关系之前，人们往往无法判断出这种交往是否包含着更大的机遇。因此，你要具备一定的耐心与恒心。

动用一切关系

在竞争激烈的当今社会中，仅凭一己之力打天下，很难获得成功。很多成功者的经历证明，一个人的成功，离不开各种关系的支持与帮助，善于结交各种关系的人，不仅到处受欢迎并且遇事有人帮、办事处处通，不知不觉中，增加了成功的概率。

比尔一直在一家大公司做初级会计的工作。在公司各部门几经调整后，他感到各方面的业务都应付自如了。他希望从中西部调到佛罗里达州去，由于他同这个州的各家公司都没有任何关系，也只能给他所知道的各家公司写信和与职业介绍所联系，但都没有得到满意的答复。于是比尔决定通过关系网来办这件事，他动脑筋搜寻了一下他所能利用的各种关系，最后列出了很多人的分类表。

从分类表中，他选出可能帮上忙的一些关系，之后，他记下了这些人，他们都直接或间接地同他想去的佛罗里达州有联系，并且同会计公司有关。最后他再进一步考虑，他们中间哪些人同会计公司的关系更为密切。他选中了两个人：一个是他的老板，大卫先生。一位是玛丽，他妹妹的好朋友。

他的下一步行动，也是最重要的一步就是找到能够帮助自己的对象，以得到他们的帮助。而一旦这个能帮助他的对象需要得到帮助，他就以报答的方式使其愿望实现。

他知道，玛丽对参加一个女大学生联谊会十分感兴趣。办法终于有了，他认识保罗的一个兄弟阿伦，他的表妹正好是这个联谊会的成员。比尔结识了阿伦，通过阿伦介绍，玛丽见到了他的表妹与联谊会的委员。为此玛丽举办了一个晚会，并在晚会上把比尔介绍给她的父亲。尽管这位律师同在佛罗里达州的任何一家商务公司都没有直接的关系，但他在那里的律师圈子里很有声望，通过他的一位朋友帮助，找到了一家职业介绍所的总经理，并通过多方努力使比尔终于得到了满意的职位。

　　一个人的进步，无论是职位的升迁或是工作的变动，得益于自己各方面的社会关系。调查表明，通过朋友与亲属的帮助得到好的职位，较之通过其他社会关系成功的概率要高得多。为了发展，你需要社会的帮助。你的聪明、才智、受教育的状况、工作上的勤勉、鲜明的个性特征还不足以使你为社会所承认，你还必须让更多的人了解、帮助你。

　　要使他人了解、帮助自己，并不是一件很困难的事，你所需要知道的是一些方法，这些方法在你爬上成功的阶梯时会对你有所帮助，你必须懂得怎样寻找让他人了解、帮助你的机会，同时设法使他人了解、帮助自己。

　　要想更好地利用关系网，首先让朋友、亲属、伙伴知道，你正在处理一件重要的事，你需要一个人脉的联系网。无论你的名声怎样，权势多么显赫，你的老关系总会通过这样或那样的途径对你有所帮助。这种途径的最重要的经纬线是由权力和信息的聚合物产生的。不过在这种关系网中，还应考虑到一些相互作用的方法。这种关系网的作用涉及你自身素养之外的领域。这种关系网，不是各种乱七八糟的社会关系的大杂烩，而是同你的目标相联系的，是由各种社会关系组成的媒介。这种媒介的作用有时是十分有效的。

　　为了充分扩大你的关系网，应记住这些重要的原则：

　　（1）列人名表。列出一张人名表，表上列了同你所希望接触的社交领域有联系的人，挑出最有可能助你一臂之力的人。

　　（2）建立更广泛的联系。为了建立关系网，你应善于把自己同他人联系起来，你可以通过公司的同行或朋友建立同别人的联系。

　　（3）让更多的人了解你。不论你要想向哪一个方面发展，你必须让自己和自己的成就为他人所了解，尤为重要的是让能够影响你命运的人了解你。当然，让他们知道你的存在是你自己的事，但你必须让他人发现。因为不论你工作如何勤勉、长得如何漂亮、你抱负有多大，假如你从上午9点到下午5点，一直待在办公室里埋头傻干，那么，你就根本无法实现你的目标。记住，人脉好也会帮助你实现自己的目标，假如你一天到晚黏在办公桌边，只会使你的发展慢慢停止。

（4）把自己同组织、团体联系起来。记住，你现在的工作不是你非得干一生的岗位，除此之外可能还有更理想的岗位。因此，你应把自己同组织、团体联系起来。

世界顶尖激励大师安东尼·罗宾说过："人生最大的财富便是人脉，由于它能为你开启所需能力的每一道门，让你不断地成长，不断地贡献社会。"当代社会，人脉已经被越来越多的成功者所推崇，其重要性也为越来越多的人所认识，"动用一切关系"已成为人们所公认的事实。

凭借着关系所搭建起的网络，将使你与成功的距离会从千山万水缩短到指尖毫厘。成功者相信人脉的力量能够扭转乾坤，变荆棘为坦途，他们并不是第一个吃螃蟹的人，他们只不过是其中的先行者而已，并且从中品尝到了美味。螃蟹的味道又有谁不喜欢呢？那就赶快行动吧！记住，"动用一切关系"，关系多，好办事，处理好、利用好你的人脉关系永远是你成功的关键！

管理好你的人脉存折

在银行里开个户头，你就可储蓄闲散的资金，以备不时之需。与人联络感情，拓广人脉，就好像往银行里存款，存的越多、存的时间越久，你获取的红利也就越多。与存钱不同的是，建立人脉存折就是把银行开在朋友或是顾客的心里，你为了维系你们之间的关系，而存入真诚关怀、超值服务。

能够使你的人脉存折储蓄不断增长的，是礼貌、诚实、仁慈与信用。在你的人脉存折中存入较多的人情储蓄，这将会增加他人对你的信赖度，必要时能发挥适当的作用，甚至犯了错也可用这笔储蓄来弥补。有了信赖，即使拙于言辞，也不致得罪人，由于对方不会误解你的用意。因此，信赖可带来轻松、直接且有效的沟通。反之，粗鲁、轻蔑、威逼与失信等等，会降低感情账户余额，到最后甚至透支，人脉资源就会出现严重的问题。

你越是想维持持久的人脉，越需要不断地增加你的人情储蓄。由于彼此都有所期待，原有的信赖很容易枯竭。你是否有过这种经验，偶尔与老同学相遇，即使多年未见，仍可立刻重拾往日友谊，毫无生疏之感，那是由于过去累积的感情仍在。但经常接触的人就必须时时注资，否则突然间发生透支，会令人措手不及。

假如你想使自己的人脉存折中的人情不断增值，须做到以下几点。

首先要信守承诺。守信是一大笔收入，背信则是庞大支出，代价通常会超出其他任何过失。其次要诚恳正直。背后不言人短，是诚恳正直的最佳表现。在人后依然保持尊重之心，可以赢得他人的信任。

同时要理解他人，理解是一切感情的基础。要想被他人理解，就得先理解他人。

与人交往要注意小节。一些看似无关紧要的小节，如疏忽礼貌、不经意地食言，实际上最能消耗感情账户的存款。在人脉资源中，最重要的正是这些小事。

与银行储蓄一样，仅仅在银行开个账户，存入现金是不行的，还需要维护、管理好你的人脉存折，让其既充分发挥作用，又要防止透支，确保人脉存折中的人情储蓄有增无减。

送对方一个人情，对方便欠了你一个人情，知恩图报，这是人之常情。这样一来你就往你的存折里存了一笔人脉。或许有人认为，这样一来一往，仿佛商品买卖，我给了你钱，你就必须给我商品。其实不尽然，人情的偿还，不是商场的等价交易，钱物两清，双方两讫了，那样太没人情味。人情的偿还一般很难说是等价的，否则交情变成交易，你与朋友的脸上都挂不住。

要想得到人情银行中的可观红利，必须学会不夸张、不张扬。

曾有一个年轻人帮朋友解决了购房贷款的难题。之后，他每次碰上这位朋友，聊着聊着就到了这个话题上，说上一两个小情节，以说明他的本事有多大，这让朋友很没面子，仿佛总欠他似的。久而久之，朋友怕他了，见了他就远远地躲开，仿佛杨白劳见了黄世仁，躲债般地怕与他来往。

人情送足了，却因人情的善后问题而功亏一篑。这叫"赔了夫人又折兵"。事实上你不说，他人也不会忘记你的帮助，多说反倒无益。人家可能会尽快地还你一个人情，之后会敬而远之。即使你再有能耐，朋友也会另请高明。

因此，不要把送出的人情总挂在嘴上，那样会显得你小气。做足了人情，给够了面子，你该坐享其成，但千万不要夸大其词，最好不夸功，甚至可以不认账。你不认账，并不等于朋友不清楚。

常言道："天知，地知，你知，我知"，就是说，两人之间的事，你知道我知道天知道地知道也就够了，没必要再让第三个人知道。这样，你记着我的好处，我记着你的好处，将来怎么办，你我心里都有数。

那些张扬的人一般有以下特点：或是嘴巴不严、有口无心，下意识就说出来了；或是爱炫耀，在别的朋友面前显示自己的本事。张扬除了让他人称赞一句"这个人很能干"之外，只能给你带来一些不利，首先，得罪了请你办事的朋友，他会觉得你是在众人面前贬低他；其次，你会让倾听的朋友讨厌，人家也会想，这朋友怎么这样，以后我可不求他，说不定他将来也会把我的事说出去。

管好自己的嘴巴，事情已经过去了，该怎么做还是怎么做，总有一天，真正的朋友会好好回报你。假如对方无意回报，即使你每天对他说一百遍，也无益处。

另外，不要轻易动用人情银行中的储蓄。由于存期越长，红利越多。不给对方机会，让他一直记挂在心上，久而久之，就像陈年的酒，越陈越醇，回味无穷。

支取人脉存折中的人情储蓄，要按需支取，切忌贪得无厌，让人家觉得你得理不饶人，胃口大得很。恶意透支人情，会使你的人脉存折出现亏损，导致账户被封，失去朋友。

《渔夫和金鱼的故事》中，那个老太婆就是一个贪婪的人。渔夫捕到一条神奇的小金鱼，并将它放了。小金鱼决定报答渔夫一家。于是，这老太婆先是要吃好、住好，接下来是要做贵妇、女王，再做主教，最后，她竟想统治天下，成为小金鱼的主人。小金鱼不再理她了，最后，老太婆的人脉存折出现了严重透支，她只得又回到了她的小破屋。

与人交往时，对方有难，你必须根据自己的能力大小，从而给予适当的帮助和支援，而对方也会考虑如何回报你的新人情，增加你的存折利息。

无论你存多少钱、存多长时间，只要你有一天取出来，银行一定会将利息给你算得清清楚楚。但是，人脉存折就不同了，人情是一笔源源不断的财富，只要你维系好它，无论你怎么取，它都不会枯竭的。

演好你的人缘角色

在社会中，演好自己的人缘角色，你便可以拥有一张广袤无垠、伸缩自如的关系网。有了这个人脉网络，你便可以活得轻松自在、潇洒自如，并从中汲取营养来塑造一个完美的人生。

在当今社会这个大舞台中，每一个人都扮演着不同的角色，又不停地变换着角色，各个角色之间时刻进行着各式各样的人际交往。

在社会中，每一个人都担任着很多角色。对于你的下属而言，你是一个领导者；而对你的上级来说，你又是一个被领导者；在企业里，你是一名员工；在家庭里你又可能是一个父亲或母亲、妻子或丈夫；在顾客面前，你是一个售货员；在另外一个场合下，你又可能是一位顾客；在戏剧中，你是一名演员；在某些时候你又是一个观众……

社会生活中角色是很多的，各种角色又在随时转换当中。假如一个人不能随时应变，改换扮演角色的位置，不但会闹出很多的笑话，也会给自己带来许多烦恼。

英国女王维多利亚与丈夫阿尔伯特相亲相爱、感情和谐。维多利亚作为一国之王，每日忙于公务，而阿尔伯特却不太关心政治，对社交缺乏兴趣，由此，有时夫妻之间也难免闹点别扭。

一天，女王维多利亚处理完工作，深夜回到卧室，见房门已经关闭，就敲起门来。

阿尔伯特在卧室内问："谁？"

维多利亚回答："我是女王。"

门没有开，维多利亚再敲，阿尔伯特又问："谁？"

维多利亚回答："维多利亚。"

门还是没有开。维多利亚徘徊半晌，再敲。阿尔伯特仍问："谁？"

维多利亚回答："你的妻子。"这时，门开了，阿尔伯特热情地用双手把她拉了进去。

维多利亚前两次敲门之所以没有敲开，是由于她的心态没有随环境的变化而加以适当的调整。她忽视了自己的角色在家中是妻子，而不是在宫廷对王公贵族说话的女王，以致造成措辞上的失误。维多利亚的第一次回答态度高傲，伤了丈夫的心；第二次缺乏热情，感情平淡，没有唤起丈夫的亲昵感，因而前两次丈夫都不给她开门。第三次回答，维多利亚的心态适应了具体地点和对象，体现了妻子应有的温柔姿态，因而不仅敲开了门，也敲开了丈夫的心扉。

在社会中，我们应学会在恰当的环境中，扮演恰当的角色。不管你有多高的身价，在朋友面前千万别做自己生活的"女王"，否则后果就不只是"被拒之于门外"的尴尬了。

扮演好自己的社会角色，应当注意以下几点：

（1）能清醒地意识到自己所处的地位。在社会中，每个人都是一定角色的扮演者。因此，你应该对自己有清醒的认识，履行自己扮演角色的职责。是一个售货员，你就要尽一个售货员的职责，对顾客要满腔热情，百问不烦；是一个医生，你就要履行救死扶伤的职责，体谅患者的痛苦，在精神上给患者以安慰，尽快解除患者病痛。假如做那些同自己地位、身份不相符的事，只会贻笑大方，影响自己在众人面前的形象。

（2）随时注意转换自己的角色。每一个人都是多种角色的扮演者。在不同时间、地点、条件下，你要依据自己所扮演的角色的变化而变换自己的行为。常会有一些事，在这种场合做是无可厚非的，换一个场合就显得不协调。

汉宣帝时，京兆尹张敞在家中常给妻子画眉，有人在皇上面前告了他。皇上问他是不是有这回事，张敞很坦然地回答说，夫妻之间，闺房之内，还有许多比画眉毛更过分的事，不是吗？

张敞的回答，噎得宣帝再没说第二句话。确实如此，丈夫在房里帮妻子画画眉毛，本是闺房乐事，亦在情理之中！但是，如果换一个地方，变换一个角色，给妻子之外的女人去画眉就不对劲了。

（3）要进入角色。在社会中，最重要的就是你要准确地进入角色，把自己担当的角色尽心演好。假如你的角色是一个顾客，就应遵守顾客具备的要求；你的角色是一位教师，就要尽好教师的责任；你的角色是一位学生，就应尽学生的义务；你的角色是一位父亲，就应该尽到父亲的责任……以此类推，各种具体角色都有具体要求，都有它的道德标准，我们都应自觉地做到。

每个人都应演好自己所扮演的社会角色，只有这样才能够与周围的人们和谐相处，编织出属于自己的人脉网络。

时常丰富关系网络

人脉网络是现实生活中人们由于某些原因自发联系起来的一种人际组合。

假如你希望能在企业里逐步晋升，就要对自己和周围环境进行谋划，选择并创造适合本人发展的人脉网络，这是非常重要的。建立巩固的人脉网络对你的成功是很有帮助的，这并不完全是由于他人能为你做某些事，而是因为当你与朋友们在一起时，你能学到很多东西。

好的人脉能够拓展你工作与生活的视野，让你能够和社会正在发生的一切保持同步，也能够提高你交流的能力，所有这些都是你通往晋升之路的动力源泉。

要时常优化自己的人脉网络。以下是必须注意的要点：

（1）制定目标，不懈努力。你需要制订可以沟通的目标。试着每天打 10 个电话，不但要扩张自己的人脉，还要维系旧情谊。假如一天打 10 个电话，一个星期就有 50 个，一个月下来便可达到 200 个。平均一下，你的人际网络中每个月大概都可能增加十几个新朋友。

建立关系网最基本的原则就是：不要与他人失去联络，不要等到出现麻烦时才想到他人。"关系"就像一把刀，经常磨砺才不会生锈。假若半年以上不联系，或许你已经失去了这个朋友。

（2）适当时机联络"关系"。大忙人虽不好找，但并不表示他们绝对无法接近。你不必浪费时间在上班时间打电话给他们，这些人上班时间不是在开会就是在工作，要不就是出外办事了。要学会利用空当，"拉关系"的高手认为，傍晚六七点钟是与这些忙人接触的"黄金时刻"。秘书、助理等大概都走了，只剩下一些"工作狂"还舍不得走，希望自己的"埋头苦干"能给上司留下深刻的印象。此时正是联络这些"贵人"的最适当的时机。

只要抓住窍门与时机，就能联络到每一个人。大凡有能力、有地位的人几乎都有层层的关卡保护，你若能突破这些障碍，剩下的就不难了。每个企业都有门卫，设法找到他们，跟他们建立某种"关系"，他们就会告诉你通往上司办公室的秘密通道，让你日后一帆风顺。

（3）牢记"关系"无所不在。关系无所不在，三人行，必有我师。不经意的人际交往中，就可能发展出很不错的关系。

善于拓展"关系"的有心人，不论是洽谈公事时还是在私人聚会上，总是会掌握恰当的沟通时机。对这些有心人而言，人生就是一场游戏——会议室、酒吧、餐厅，甚至在澡堂里，处处都可以"增加见识"。跟他人谈上一两个小时，一定可以学到一点东西。另外，出差、旅行也是拓展"关系"、提升沟通力的好机会。

（4）及时记录"关系"的进展。记录自己关系网的发展要像写日记一样，数十年如一日。这可能不容易做到，然而假若有恒心、有耐力，一定会成绩斐然。假如你很认真地在增进自己的"关系"，那么成效必定会很显著。要巩固成果、找出真正的"人尖儿"，不妨记录每一次联系的情形。在记忆犹新的时候就要赶紧记下，假如等到日后再来补记，效果就要打折扣了。可记录的要点包括：姓名、地址、电话号码、你的看法以及日后联络方法，用不着咬文嚼字得像在写一篇动人散文。

（5）忌急于求成。拓展"关系"时，盲目地向前冲，只会使人离你越来越远。你的积极进取在他人眼里可能是"别有用心"，可能是"没有头脑"、"幼稚"，你首先就在对方心中留下了一个不良的印象。

急于拉拢关系的人，常会由于一点收获而自满，要他们付出，得先谈条件，并且他们不愿与别人分享感情。

可持续发展的"关系"应该是长久而稳固的。正如一位企业界人士所说的："我从不相信在三分钟内就跟我称兄道弟的朋友。"要知道，好的关系人都需要长时间的努力和真诚的沟通才能建立。

优化人脉网络，最需要注意方法与技巧，相信你读了上面的内容定会有一些收获。

交朋友是一个渐进过程

交朋友是一个大浪淘沙的过程，是从开始做加法，然后逐渐做减法的过程。

人的一生假如交上好朋友，出自真情实意，又是志同道合，不仅可以得到情感的慰藉、心灵的安抚，还可以互相砥砺，相互激发，成为事业的基石。

然而，交朋友是一个交心的过程，也是一个渐进的过程。每个人对初次见面的人都有一种防范心理，这是人们很自然的自我保护反应。假如操之过急，对方必然会对你采取一种关上大门的自卫姿态，甚至认为你居心不良，或认为你太幼稚，有些荒唐，因而拒绝你的接近。

李冰参加了一个大型的社交聚会。在聚会上，他与人们交换了一大堆名片，握了无数次手，忙得都搞不清楚谁是谁了。

几天后，李冰接到一个电话，是几天前在聚会中见过，也交换过名片的张楠，由于张楠的名片设计特殊，让他印象深刻，因此记住了他。

张楠也没什么特别目的，只是与他东聊西聊，好像两人已经很熟的样子。

李冰不太高兴，由于张楠与自己没有业务关系，并且也只见了一次面，他就这样打电话来聊天，让他有种被侵犯的感觉。同时，也不知和他聊什么好。

在当今社会，这种情形经常会出现，以张楠来看，他有可能对李冰印象颇佳，有心和他交朋友，因此主动出击；另外也有可能是为了业务利益而先行铺路。但不管基于什么样的动机，张楠采取的方式犯了人性丛林的忌讳——操之过急。

人际交往中，拓展自己的人脉是一种必然作为。但在人际交往时，还必须注意遵循渐进原则，才能达到预期的效果，而不致弄巧成拙。

交朋友是一门艺术，应遵循求同存异的原则，以真诚的态度，用诚挚的、虚心的、友好的方式对待朋友，善于发现、尊重、学习他人的优点。

在结交朋友时，你若要尽快地与对方熟识起来，必定会采取积极主动的态度，以求尽快接近对方。有时对方会很快感受到你的热情，也给你热情的回应，但大部分人在你的猛烈攻势下都会有一种受到压迫的感觉。在他没准备好与你"熟"之前，他只是痛苦地应付你，很可能第三次就拒绝和你碰面了。

交友不可强求，友谊应该随缘。假如他愿意把你当作自己的好朋友，你通过自己适当的努力让他明白你的诚意就够了；假如他本来就不打算交你这个朋友，那可能任何手段也不能打动他。当然，有一点你要注意：每个人都有自己对待好朋友的方式，不一定要形影不离或者心心相印。也许你没有发现，但事实上他内心已把你当作好朋友了。遇到这样的情况，你应该主动适应对方的方式，由于好朋友的最基本的原则就是相互尊重、相互谅解。

所以，交朋友一定要用自己的真心去面对对方。同时，又要把握一个度，既要积极主动，又要相机而动。要保留彼此的独立空间，更要循序渐进，一步一步地深入对方的心灵。最终，成为生活和事业上无话不说、心有灵犀的知心朋友！

善意的交谈是友谊的开始

每天在汽车上、电梯内、行走中，当我们开口与擦肩而过的人谈话时，你是否意识到你们的友谊会在此时开始产生呢？这种体验或许你也曾经有过吧！

当你说话时，假如是能使对方谈他感兴趣的事，就表示你已经很巧妙地吸引了对方。此时，我们再以问答的方式诱导对方谈论有关他个人的生活习惯、经验、愿望、兴趣等问题。

假如对方对你的问题有兴趣，自然乐意叙述自己的一切，而你不就成了他的听众了吗？对方会由于你那关怀备至的态度而开怀畅谈。

就拿你个人来说吧，假如有人肯接纳你，听你阐述你的人生观，或向你请教有关的专门问题，你就会对他表示好感，这就是所谓的人之常情。能善于利用这种人之常情的人，才算得上是一个交际高手。

假若你想深入地了解某个人，不妨以目前的政治情况、工业界的状况，或他所驾驶的汽车品牌、现在的交通状况、高速公路的路况、目前的所得税率、食品价格等问题来和他交谈。换句话也就是让对方开口谈论他所关心的话题，而你的责任就是负责提出这一类的问题。

仅仅一面之交，就想与对方成为亲密朋友的最好方法，就是与对方交谈。我们都知道，一个人最愿意谈论的大都是那些最关心的话题。只要你肯花一点时间，让对方畅所欲言地叙述他自己的事，那么，他就很有可能会成为你的知己。

美国纽约市凤凰人脉协会的专家学者哈利·N.赫歇尔先生认为：他

在日常生活中，觉得最感兴趣，也是最有意义的一件事就是跟别人交谈。为此，他细述道："常常有人来向我请教，问我如何与在吃午餐时所碰到的或是在旅馆门口以及旅行车上遇到的人说话。我对他们说，在双方互通一些例行的客套话之后，可以客气地问对方：请恕我冒昧，可以问你从事哪一种职业吗？如果对方乐意回答，便可以进一步地问他：可以告诉我，究竟是什么原因促使你从事那种职业呢？关于这个问题，十有八九的人都会回答：唉！说来话长……这么一来，我们不就很自然地成了他的听众了吗？而对方因为有人听他讲话，自然会侃侃而谈了。"

假如你很难开口与陌生人交谈，或是你觉得无论到哪里都很孤独，没有人想跟你说话，以下就是一些协助你建立自信的练习方法。你可以在任何地方、任何时间做练习。

（1）练习与不胆怯的人谈话。你可以在快递公司的收货员、邮差、接线员、承办宴会的服务生或是修车厂技工的身上，练习你的胆量和口才。这些人由于职责所在，都会很有礼貌，你可以和他们做有趣的交谈。他们和你生活中的任何人一样重要，同时也可以变成你珍贵的人脉关系中的一员。

（2）请尝试单刀直入的方式。为何要躲开那些胆怯的人呢？你可以大胆走向他们，说："我一直想跟你说话，但是我很怕接近你。"此语单刀直入，切入对方中心，他们会无法抗拒的问你何以如此。这不仅让你开始了一段话，还是一种最有效的沟通方式，省了一堆繁文缛节。

（3）练习学会去冒险。多去参加艺廊的开业典礼，并向艺术家道贺。在商场上一旦你听到什么人做了什么有趣的事，请拨个电话给他，你可以从期刊上得知消息；也可以去听一场你熟悉的主题演讲，主动向主讲人介绍自己。尽量接近成功的人，向他们表达赞美恭维之意，如此就能为你开启机会之门。

（4）练习在电梯里和人谈话。你有没有注意过，在电梯里人人都是噤声站着、直视前方？这似乎是个不成文的规定，限制了我们在电梯中彼此交谈的机会。这是谁定的规矩？难道是大楼的管理办法吗？

实际上，电梯提供了一个让人简短招呼的绝佳场所。只需要简单的眼神接触、微笑，同时说"嗨，今天天气真好"或"这电梯真慢"，无论什么话都能打破沉寂。这是一招"零风险"的练习，你大可以满怀自信地去做。因为你很明白，待在电梯里就那么一分钟，也许你永远不会再跟这些人碰面。这个点子是针对"与陌生人交谈"做简单的练习，不是叫你一定要去和人家接洽生意或是结成朋友。

下次你进电梯后，可以来一个最大胆的"亮相"尝试：你不要直着走进去、立刻转身对众人——把你的背紧贴着电梯门，脸正对着整个电梯里的人。大家会以为你发神经了，但是你可以直接告诉大家："我正在上一门名为'如何克服羞怯'的课，其中有一项作业就是要在电梯里练习面对众人。"我保证你能博得众人一笑，并且你会充满自信地离开电梯。

（5）练习长一点的会话。从今天起，请在银行或超市排队时跟他人说话。在超市结账时，你可以指着画报上的小道消息说："我前几天在一家自助洗衣店看见过某某（可以是住在当地的明星）。"有时交谈也可以仅止于一声"嗨"，当然，你可能不会以这种方式找到你所爱的人或是你梦想的工作，但是经常做这种练习，会让你习惯与陌生人搭讪。

（6）从谈话中去寻找乐趣。生命充满乐趣，没有什么事必须严阵以待。我们生而为人，是为了要拓展自己、自由思考、全心相爱，这个过程满是乐趣。

积极把新朋友带进你的交际圈，其收获是让生活得以扩展。这意味着，你的生活将满是新点子、新朋友与新机会；假如你不开金口、不说一声"嗨"，是无法得到的。因此，不要害怕，勇敢地运用你的沟通潜能。

学会有技巧地说"不"

在人际交往中，每个人都会面临很多外来的请求和要求，其中有一些，是我们愿意并且有能力接受的；而对于那些超出我们能力的、不合理的请求或要求，我们不得不加以拒绝。而要巧妙地拒绝他人，首先应把握以下几个原则。

（1）尽量使你的话温柔缓和。当你想拒绝对方时，可以连连发出敬语，使对方产生"可能被拒绝"的预感，形成对方对于"不"的心理准备。

谈判中拒绝对方，一定要讲究策略。婉转地拒绝，对方会心服口服；如果生硬地拒绝，对方则会产生不满，甚至怀恨、仇视你。因此，一定要记住，拒绝对方，尽量不要伤害对方的自尊心。要让对方明白，你的拒绝是出于不得已，同时感到很抱歉、很遗憾。

（2）让对方明白自己的处境。一般情况下，一个人有事求他人帮忙时，总是希望他人能满足自己的要求，却往往不考虑给他人带来的麻烦与风险。假如实事求是地讲清利害关系和可能产生的不良后果，把对方也拉进来，共同承担风险，即让对方设身处地去判断。这样会使提出要求的人望而却步、放弃自己的要求。

在人际交往中，只要还有一线希望能达到目的。谁也不愿意轻易地接受拒绝；究其原因是"完形心理"在起作用。俗话说："不撞南墙不回头。"在拒绝他人的要求时，铁一样的事实摆在眼前，无论怎样坚持意见的人，也不能不放弃自己的要求。

（3）要顾及对方的自尊，给对方留台阶。人人都有自尊心，一个人有求于他人时，往往都带着惴惴不安的心情，假如一开始就说："不行"，势必会伤害对方的自尊心，使对方不安的心情急剧加速，失去平衡，引起强烈的反感，从而产生不良的后果。因此，不宜一开口就说"不行"，应该尊重对方的愿望，先说关心、同情的话，然后再讲清实际情况，说明无法接受要求的原因。由于先说了那些让人听了产生共鸣的话，对方才能相信你所陈述的情况是真实的，相信你的拒绝是出于无奈、是可以理解的。

当拒绝他人时，不但要考虑到对方可能产生的反应，还要注意准确恰当地措辞。

（4）降低对方对你的期望。大凡来求办事的人，都是相信你能解决这个问题，抱有很高的期望值。一般来说，对你抱有期望越高，越是难以拒绝。在拒绝要求时，倘若多讲自己的长处，或过分夸耀自己，就会在无意中抬高了对方的期望，增大了拒绝的难度。假如适当地讲一讲自己的短处，就降低了对方的期望，在此基础上，抓住适当的机会多讲他人的长处，就能把对方求助目标自然地转移过去。这样不仅可以达到拒绝的目的，而且使被拒绝者因得到一个更好的归宿，由意外的成功所产生的愉快和欣慰心情，取代了原有的失望与烦恼。

（5）自己态度一定要真诚。拒绝总是令人不快的。"委婉"的目的也无非是为了减轻双方，特别是对方的心理负担，并非玩弄"技巧"来捉弄对方。尤其是领导、长辈拒绝下级、晚辈的要求，不能盛气凌人，要以同情的态度，关切的口吻讲述理由，使之心服。在结束交谈时，要热情握手、热情相送，表示歉意。一次成功的拒绝，也可能为将来的重新握手、更深层次的交际播下希望的种子呢！

拒绝的时间，一般是早拒绝比晚拒绝好，由于及早拒绝，可以让对方抓住时机争取别的出路。无目的的拖拉，是对人不负责的态度。至于地点，拒绝时一般把对方请到自己办公室来为好。假如在公共场所，宜小不宜大，宜暗淡不宜明亮。为了避免明光的直接接触，两人的座位也以斜对面或并肩座为宜。合适的时机也很重要，不宜在众人的场合拒绝。

（6）尽量使自己争取主动，站在有利的位置上。不管怎么说，拒绝他人的要求总是被动的。因为很难预料是谁、在什么时间、会提出什么要求，但在有些情况下，去登门谢绝，就可以使对方产生感恩心理，争取到一点主动权。

登门谢绝有三个好处：以满腔的热情暖住对方的心，拒绝了也不致使双方感到尴尬；表示愿意为对方效微薄之力，既肯不辞辛劳地登门，可见拒绝是出于力不从心，从而得到理解；变被动为主动，以求助的方式请求对方接受拒绝，是出自尊重，这样不会伤害对方的感情。尤其是对长辈提出的要求，如不能接受，采取登门谢绝的做法是再好不过的。

实际上，拒绝他人具体的方法有很多种，以下几种可供参考。

（1）诱导对方自我否定。

罗斯福当美国总统前，曾在海军担任要职。一天，一位朋友问起有关海军的情况，事涉保密的内容。罗斯福灵机一动，装模作样地向四下看了看，压低声音回答："你能保密吗？""当然能！"罗斯福接着说："你能我也能。"

（2）推托、拖延。指可用时间来拖延，也可用某人不在，自己无法决定来推托。

某宾馆开一个时装展示会，请了著名模特表演，入场券价位较高。当地的朋友都来向主办人要票，他只好回答："很遗憾，这次入场券全部掌握在外方老板手中。"

（3）先同意后拒绝。有时对方提出的要求并非无理取闹，有一定的合理性，但由于受条件的限制又无法给予满足，可以先表示理解与同情，然后再婉言拒绝。

一家公司的经理对另一家工厂的厂长说："我们两家搞个联营，你看怎样？"对方答："这个设想不错，只是目前条件还不成熟。"这样，既拒绝了对方又留下了后路。

（4）避实就虚。避开实质性的问题，故意用模棱两可的语言做出具有弹性的回答，既无懈可击，又达到在要害问题上拒绝做出回答的目的。

中国奥运代表团到达第24届奥运会比赛场地首尔时，外国记者纷纷问团长李梦华："中国能拿几块金牌？""中国能超过韩国吗？"李答："10月2日以后，你们肯定能知道。"记者又问："中国新华社曾预测能拿到11块金牌，你认为有把握吗？"李又巧妙地回答："中国有充分的言论自由，记者怎样想，就可以怎样写！"

　　拒绝他人总是会令对方失望。直接对他人说"不行"、"我做不到"之类的拒绝的话，对方一定会心生不快与反感，甚至会怀恨在心。相反，诚恳而有技巧地拒绝对方，不仅能够得到对方的谅解，还能给对方留下良好的印象。

第七课

谨慎人脉沼泽

人，就是社会关系的总和。与人打交道不是轻而易举的事情，弄不好就会陷入交往的沼泽。但是，只要走出人脉关系的沼泽，就会走向成熟。

不要显得比他人聪明

　　一个年轻人进入了一个新单位后，发现同事大多是四十多岁的中年人，办事经验虽然比他多，但头脑没他灵活，对电脑等一些新事物的了解比他要差很多。年轻人很高兴，认为自己大展拳脚的机会到了。于是他开始在单位里卖弄起自己的聪明来。"哎呀！电脑怎么能这么用呢！？""这个地方应该……""这事你得听我的，这方面是我的强项！""真是的，怎么连这个都还没弄好？"……办公室里只见他一个人在指手画脚、口沫横飞。一开始，同事们真的很喜欢这个年轻人，有了问题也愿意问他，但他的自以为是让同事们渐渐地与他疏远了，每个人都躲着他。在他发表一番议论后，同事投给他的不再是赞赏而是嫌恶的目光。对于这种情况，年轻人也很苦恼，不过他真不知道是哪里做错了。

　　这个年轻人不受欢迎的原因是什么呢？他总是表现得聪明过人，总想让自己压过别人，一副"老子天下第一"的架势。他不知道自己的这种举动其实是最拙劣的，自以为是的人总会伤害到别人的自尊心，逼得别人寸步不让，其结果只能是使自己受人排斥。

　　交际中，每个人都觉得自己说得对、做得对，因此如果你想受人欢迎，想达到自己的目的，就要懂得压抑自己去迎合对方，千万不要让自己表现得比别人聪明。

如果你将你的想法说成是别人的创造，让他产生一些优越感也不失为一个好办法。法国一位哲学家说："如果你想树立一个敌人，那很好办，你拼命地超越他，挤压他就行了。但是，如果你想赢得些朋友，有个好人缘，那就必须得作出点小小的牺牲——那就是让朋友超越你，走在你的前面。"其实这个道理很简单，每个人心中都有一种当重要人物的感觉，一旦别人帮助他实现了或让他体验了这种感觉，他当然会对这个人感激不尽。当别人超过我们，优于我们时，可以给他一种超越感。但是当我们凌驾于他们之上时，他们内心便感到愤愤不平，有的产生自卑，有的却嫉恨在心。

一位设计花样草图的推销员尤金·威尔森的服务对象是服装设计师和纺织品制造商。连续几年，他几乎每个月都去拜访纽约一位著名的服装设计师。"他从来不会拒绝我，每次接待我都很热情，"他说，"但是他也从来不买我推销的那些图纸。他总是很有礼貌地跟我谈话，还很仔细地看我带去的东西。可到了最后总是那句话：'威尔森，我看我们是做不成这笔生意的'。"

无数次的挫败后，威尔森开始认真地总结经验，得出的结论是自己太墨守成规，他太遵循老一套的推销方法，一见面就拿出自己的图纸，滔滔不绝地讲它的构思、创意，新奇在何处，该用到什么地方……听烦了的客户出于礼貌会等到他将话讲完。威尔森认识到这种方法已太落后，需要改进。于是他下定决心，每个星期都抽出一个晚上去看处世方面的书，思考做人的哲学，创造新的热忱。

没过多久，他想出了对付那位服装设计师的方法。他了解到那位服装设计师比较自负，别人设计的东西他大多看不上眼。他抓起几张尚未完成的设计草图来到设计师的办公室。"鲍勃先生，如果你愿意的话，能否帮我一个小忙"，他对服装设计师说，"这里有几张我们尚未完成的草图，能否请你告诉我，我们应该如何把它们完成，才能对你有所用处呢？"那位设计师仔细地看了看图纸，发现设计人的初衷很有创意，就说："威尔森，你把这些图纸留在这里让我看看吧。"

几天后，威尔森再次来到办公室。服装设计师对这几张图纸提出了一些建议，威尔森用笔记下来，然后回去按照他的意思很快就把草图完成了。服装设计师对此非常满意，并且全部接受了。

你看，当你不再极力显示自己的聪明时，人家就接受你了。

当美国总统罗斯福在白宫的时候，他认为自己如能有75％的时候是对的，已经达到他希望的最高程度。

当你能确定你55％的时候是对的，你可以到华尔街去一天赚一百万元。假设你不能确定你55％的时候是对的，为什么你要告诉别人他们错了呢？

如果你想要别人讨厌你、排斥你，那就尽管表现你的聪明，但如果你希望被人喜欢、受人欢迎，那就虚心一些吧，多听听别人的意见，这样才能得到对方的肯定，有个好人缘。

说话不能让人丢面子

小何两年换了三个寝室，没人愿意和他住在一起，就是因为他嘴太"毒"。要说小何这人还是很不错的，宽宏大量、热情善良，可是一想到他那张嘴别人就会躲得远远的。人家说"骂人不揭短"，但小何却偏要挑人"短"处说：寝室的一个男生因为身体不好，有时候会"尿床"，这件事使得这个男生很自卑，生怕别人嘲笑他。可在一次班级聚会时，小何却突然当众提起了这件事："我说，你小子累不累呀，没事就'画地图'，实在不行去医院看看吧！"全班同学的目光立刻集中到这个男生的身上，他恨恨地瞪了小何一眼就冲了出去，后来大家在学校旁边的水库大坝上找到了他，原来他差点想不开要自杀。同学们批评小何说话太损，小何却大大咧咧地说："怎么着？还不让说话啊，我又没造谣，这也是为他好啊！"当然，大家也都知道小何并不是故意要取笑人，但对他说话总是不给人留面子的行为还是无法谅解，久而久之，大家一看到他就赶快走开，他一张口大家就表现出冷冷冰冰的样子，小何委屈地说："我到底做错了什么，怎么就成了'万人烦'？"

小何错就错在说话太不知轻重，他随意丢别人的面子，结果别人也不给他面子，让他变成了一座孤岛。俗话说"打人不打脸，骂人不揭短"，要想有个好人缘，首先就要注意自己的说话方式，照顾他人的面子。

某作家每年都会受邀参加某专业团体的杂志年终评鉴工作，这工作虽然报酬不多，但却是一项难得的荣誉，很多人想参加却找不到门路，也有人只参加一两次，就再也没有机会了。问他为何年年有此殊荣，他在届龄退休，不再参加此项工作后才公开了其中的秘诀。

他说，他的专业眼光并不是关键，他的职位也不是重点，他之所以能年年被邀请，是因为他很会给人留面子。他说，他在公开的评审会议上一定把握一个原则：多称赞、鼓励而少批评，但会议结束之后，他会找杂志的编辑人员，私底下告诉他们编辑上存在的缺点。因此虽然杂志有先后名次，但每个人都保住了面子，也就因为他顾及别人的面子，承办该项活动的人员和各杂志的编辑人员，都很尊敬他、喜欢他，当然也就每年找他当评审了。

其实，生活中的每一个人，都非常重视自己的面子，为了面子，小则翻脸，大则会闹出人命；如果你是个对面子淡漠的人，那么你的人缘一定不会好；如果你是个只顾自己面子，却不顾别人面子的人，那么你肯定有一天要吃大亏。

那么，在交际中，怎样才能顾及别人的面子，处理好人与人之间的"面子问题"呢？

（1）在交际中要多夸别人的长处，尽量回避对方的缺点和错误："好汉不提当年勇"，又有谁愿意提及自己不光彩的一页呢？特别是如果有人拿这些不光彩的问题来作文章，就等于在伤口上撒盐，无论谁都是不能忍受的。

肖眉长得很胖，吃了不少的减肥药也不见效果，心里很苦恼，也最怕有人说她胖。有一天，她的同事大陆对她说："你吃了什么呀，像气儿吹似的，才几天工夫，又胖了一圈儿。"肖眉立刻恼羞成怒，"我胖碍着你什么了？不吃你，不喝你，真是狗拿耗子，多管闲事！"大陆不由闹了个大红脸。在这里，大陆明知对方的短处，却还要往话题上赶，这自然就犯了对方的忌讳，不找麻烦才怪。

（2）指出对方的缺点和不足时，要看场合，别伤对方的面子。有一个连队配合拍电影，因故少带了一样装备，延误了拍摄。营长火了，当着全连战士的面批评连长说："你是怎么搞的，办事这么毛毛躁躁，要是上战场也能装备不齐？"连长本来就挺难过的，可营长偏偏当着自己的部下狠狠批评自己，心里自然觉得大失面子，于是不由分辩道，"我没带是有原因的，你也不能不经过调查就乱批评！"营长一下蒙了，弄不懂平时服服帖帖的连长怎么会这样顶撞他。事后，在与连长谈心时，连长说，"你当着那么多战士的面批评我，我今后还怎么做工作？"从这个事例中不难发现，假如营长是背后批评，连长不仅不会发火，还会虚心接受批评。营长错就错在说话没有注意时机和场合。

（3）有时候，对方的缺点和错误无法回避，必须直接面对，这时就要采取委婉含蓄的说法，淡化矛盾，以免发生冲突。古时候，吴国有个滑稽才子，名叫孙山。他与一个同乡一同参加科举考试。考完后，孙山先回到了家，那个同乡的父亲就向孙山打听自己的儿子是否考上了。孙山笑着回答说："解名尽处是孙山，贤郎更在孙山外。"孙山的回答委婉而含蓄，既告诉了结果又没刺到对方的痛处。如果孙山竹筒倒豆子，直告对方落榜，那么对方的反应就可想而知了。可惜的是，在现实生活中，我们周围许多人说话往往太直接，结果好心办了坏事。

人际交往中，为了有个好人缘，为了让别人"面子上过得去"，你就需要多去了解对方，说话时多说对方的长处，别触犯他的忌讳，这样一来无论你走到哪里，都一样会受人欢迎。

和人争论没好处

　　萧陌伶牙俐齿，是辩论赛上的女状元，当她在台上口吐莲花般地辩论时，同学们忍不住为她的口才折服。然而，在生活中却没人喜欢她，因为她把她的辩论才能也用在了和同学的沟通中。"不对，你的提法就是错误的！""太可笑了，你怎么会这么认为！你的观点太落伍了！""我的想法是绝对正确的，你不用再跟我争了！"……每一天，萧陌都要为一些小事、为一些看法和同学争论个没完，一副"你不投降誓不罢休"的架势，同学们都有点害怕她了，她总能把轻松的聊天变成一场激烈的对抗，和她在一起总是提心吊胆，生怕一句话说错了让自己陷入一片枪林弹雨中。萧陌身边的朋友越来越少，没有人喜欢和一门随时会喷火的大炮待在一起。

　　萧陌因为总爱和别人争论而失去了朋友，失去了好人缘，这实在令人觉得可惜。要知道争论对人对己都是毫无益处的，它只会拉开你与别人的感情距离，招致对方的反感而已。

　　19 世纪时，美国有一位青年军官因为个性好强，总爱与人争辩，所以经常和同僚发生激烈争执，因此，人缘奇差，不能跟别人很好地合作。林肯曾经因此处分过这位军官，并说了一段深具哲理的话：

　　"任何决心有所成就的人，绝不会在私人争执上耗时间，争执的后果，不是他所能承担得起的。而后果包括发脾气、失去自制。要在跟别人拥有相等权利的事务上，多让步一点。而那些显得是你对的事情，就让得少一点。与其跟狗争道，被它咬一口，不如让它先走。因为，就算宰了它，也治不好你的咬伤。"

威廉·麦克阿杜是美国总统威尔逊的得力助手，他也曾以多年的从政经验告诉我们一个重要的道理："你不可能用辩论击败无知的人。"

著名成功学大师卡耐基指出：普天之下，只有一个办法可以从争论中获得好处——那就是避免它。避开它！像避响尾蛇和地震一般。十有九次，争论的结果总使争执的双方更坚信自己绝对正确。不必要的争论，不仅会使你丧失朋友，还会浪费你大量的时间。

英国某机构曾调查了1万例真实的争论。他们收集了社会各个阶层人士之间的争论，包括司机和乘客，丈夫与妻子之间，推销员和柜台服务员，甚至包括联合国的辩论。他们用收集的录音做了细致分析，使人无比惊讶地发现了一个问题：职业的辩论家，包括政治家和联合国代表，他们的意见被接受的成功率反而不如走街串巷进行游说的推销员成功。

其原因就在于：专业辩论的目的在于找出对方的弱点进行驳斥进而达到推翻其意见的效果，而与此相反，推销员的目的却是避免争论，他们只是尽力找出一个观点使对方能接受、赞同或改变主意。

只要我们仔细思考一下就会发现，喜欢争论的人往往对自己没有信心，希望通过争论的胜利来说明自己的水平，维护自己的尊严，这种想法本身就已经暴露了他们的低级自尊——企图以压低别人来抬高自己，把别人驳得一无是处了，自己却洋洋自得。

用争论的方法来解决问题，即使你获胜了，也只是伤害了别人的自尊，根本交不到任何朋友。因此，个人修养高的人，提出意见时总是尽力避免争论。就如同鲁迅对年轻人的提拔与指正绝不会直接指出，反而会用一些类似"黑水潭"的比喻让对方自己意识到，这是不会伤害别人自尊的做法。当然，不可否认的是，这其中不仅有自我修养的提高，也存在着一些技巧。

一是允许别人有不同的意见

有这样一句话："当两个朋友总是意见相同的时候，其中一个就不需要了。"人的思维不可能是绝对的完整和全面的，总有一些客观或主观的原因让你有所忽略，那么，有人给你提出来可谓是一件好事，提醒你注意，使你下次避免犯下更大的错误，你真的应该衷心地对他说谢谢。不同的意见绝对不是引起争论的好理由。

二是要冷静地思考

人最基本的生理反应，就是自卫。一旦遇到对抗或者是攻击的时候，直觉就会让你首先要去自卫，要为自己找理由去辩护，这就是争论的开端了。因此，应该先冷静地听完对方所有的观点，客观地分析和思考，说不定就真的能从中获得极大的益处。不要急于做出第一反应，这时冷静是最好的。

三是不要害怕承认自己的错误

如果发现自己真的有错，绝对不要再试图为此找理由开脱，那只会欲盖弥彰。诚实地向对方承认自己的错误，并且请求他的谅解，别人是无法拒绝的；也就会解除他的武装，使他不再步步为营，也就能让你继续冷静地去找出解决问题的更好方法，而不致争论起来。

四是给自己留出思考时间，甚至不妨答应考虑对方的观点

这种同意绝对是出于真心的，因为我们每个人都应当意识到自己思维的局限性和易僵化性，所以要时时保持谦虚学习的态度和多听取他人意见的心态。对方提出的观点极有可能存在正确的一面，如果暂时不能

作出判断，那么就应该答应再花时间多考虑他的观点，防止自己犯错，也让他人觉得受到尊重，争论就不可能发生了。

五是何妨求同存异

有的争论，到最后双方发现其实彼此的观点中有很多相似的地方，完全没有必要去为此而争执不休。然而，因争论对感情的伤害已经造成，不可挽回，岂不是件憾事。因此，在一开始就去寻找双方的共同点，既能保持双方的良好关系，又有利于找到灵活解决的方法。正如托马斯·杰弗逊所说："在原则问题上坚守立场，在极端问题上灵活处理。"

一位名人曾说过，"争论的背后往往孕育着危险"。此话一点不错。与人交流中难免会出现意见不一致的时候，假如你只知道自顾自地喋喋不休，全然不顾他人的感受，对方就会认为你是个狂妄自大的人而不愿与你交往，甚至会因为争论时的过激言语刺伤彼此自尊心，引起双方的矛盾。因此，我们应当尽力避免争论、多听听别人的意见，这样别人才会愿意亲近你。

心要直口莫快

某单位老王患了癌症，所幸发现时还不算太晚，医生嘱咐，如果患者能保持愉快的心情积极配合治疗，康复的希望还是很大的。家里人于是瞒着老王到处为他找特效药和偏方，老王认为自己只不过是有点肝功能失调，每天乐呵呵地在医院接受治疗。一天，老王的同事老赵来看望他，带着一大堆水果进门就握着老王的手，劝他想开点。老王听得莫名其妙，还以为老赵是在跟自己开玩笑，结果老赵大惊小怪地说："你是真糊涂还是假糊涂啊！你得了癌症了，你们家大刚整天在外面找偏方呢！"老王惊惧交加，当时就晕过去了。由于经受不住这突如其来的刺激，老王的病情急剧恶化，十几天后就去世了，老王的儿子抓住老赵嚷着让他偿命，老赵也是后悔不迭："都怪我这张破嘴，我也是太过心直口快了。"

老赵因为嘴无遮拦惹了大祸，招来了别人的憎恨。生活中，像老赵这样的人还有不少，他们在与人交往时，百无禁忌，有啥说啥，他们"心直口快"说出的话不是使人下不来台，就是遭人怨恨。像这样心直口快的人很少有人缘好的，因此，我们应当控制一下自己的直言直语，千万不要因为说话得罪人。

喜欢直言直语的人一般都具有"正义倾向"的性格，言语的爆发力杀伤力很强，所以有时候这种人也会变成别人利用的对象，鼓动你去揭发某事的不法，去攻击某人的不公。不管成效如何，这种人总要成为牺牲品，如果成效好，鼓动你的人坐收战果，你分享不到多少；成效不好，你必成为别人的眼中钉，是排名第一的报复对象。

所以，在与人交往的过程中，该委婉含糊时，就不要直白。

在日常交际中，总会有一些人们不便、不忍，或者语境不允许直说的话题，需要把"辞锋"隐遁，或把"棱角"磨圆一些，使语意软化，便于听者接受。比如，当你不赞成别人的某种做法时，你应巧妙地借助语气助词，把"你这样做不好！"改成"你这样做不好吧。"也可灵活使用否定词，把"我认为你不对！"改成"我不认为你是对的。"或者用缓和的推托，把"我不同意！"改成"目前，恐怕很难办到。"这些话，都能帮助你取得良好的沟通效果，而不致得罪别人。

对人方面，少直言指出他人处世的不当，或纠正他人性格上的弱点，这不会被认作"爱之深，责之切"，而会被看做和他人过不去。

比如某甲认为同事小敏的衣服难看，便马上对她说：

"腿短而粗的人不适合穿这种裙子。"结果，小敏脸一沉，扭头便走，留下某甲发愣。或者某甲当着处长的面指点小张说：

"你的稿子里错别字很多，以后要仔细些。"

实话固然是实话，但不久后却隐约有人传言，某甲惯于在上级面前打击别人，抬高自己……

一个人不分场合地点，不分谈话对象一律口对着心，心里想什么就说什么，这是万万不可的。由于多方面原因所限，你不能保证你想的都对、说的都对，而且听话人的接受能力也不同。不分青红皂白、不讲究方式方法的直言快语，往往会带来不良后果。

万万记住，不要动不动以心直口快为挡箭牌，心口一致固然好，但要加个把门的，该直则直，该婉则婉。即使要直接对别人提出批评时，也应讲究方式方法，讲究批评的语气、声调，站在关心爱护的角度，抱着与人为善的态度，让对方理解你的批评是真为他好，从而引起他发自内心的自我批评，这样才会起到批评的作用，收到好的效果。控制不住不当之言似乎没什么了不起，是小节，但这种不拘小节却常常使人顿足。俗话说"瘸腿骡子卖个驴价钱"。这话有点伤人，但是领会其精神，却值得深思。有的人工作辛辛苦苦，能力也不比别人差，可就是打不了满分，究其原因就差在那张嘴上。有的人干工作也很卖力气，能力弱点，但言谈举止都很得体，当说则说，不当说从不多言多语，因而颇有人缘。

说话千万不要太直，说话太直会得罪一些人，更容易激怒一些虚伪的人，惹来一些不必要的是非。因此我们说话时一定要看场合、看情况，即使不去迎合对方，但至少不要说一些令人不快的直言直语，这样我们才能拥有好人缘。

该分肉时千万别吃独食

A 先生很有才气，他编辑的杂志很受欢迎，有一年他得到了大奖。一开始他还很快乐，但过了个把月，却失去了笑容。他向朋友诉说他的委屈，原来从那以后，社里的同事，包括他的上司，都在有意无意间和他作对。

朋友问清楚他的情况后，知道他犯了"吃独食"的错误，原因是这样的：

首先，他得了大奖，老板还另外给了他一个红包，并且当众表扬他的工作成绩。但是他并没有现场感谢上司和属下们的协助，更没有把奖金拿出一部分请客，所以大家虽然表面上不便说什么，但心里却感到不舒服，和他产生了隔阂，所以就和他作对了。

其实，就事论事，这份杂志之所以能得奖，A 先生贡献最大，但是当有"好处"时，别人并不会认为哪一个人才是唯一的功臣，总是认为自己"没有功劳也有苦劳"，所以 A 先生"吃独食"，当然就引起别人的不舒服了；尤其是他的上司，认为 A 先生没把自己放在眼里，自然也不会给 A 先生好脸色，A 先生也就没有好日子过了。

由于上司的白眼，同事间关系的冷漠，三个月后 A 先生就因为感到再待下去很没面子而辞职了。

从 A 先生的经历中，我们应该吸取这样的教训：当你在工作中或生活的其他方面有特别表现而受到肯定或奖赏时，千万记住别独享荣耀，否则，这份荣耀必将影响你的人缘。把荣耀分给别人一点，你并不会损失太多，反而会获得更多好感，这样的好事你又何乐而不为呢？

王先生领导的语音邮件开发小组取得了重大突破，老板把王先生叫到了办公室。秘书送茶进去后，回来告诉大家，老板正在夸奖王先生呢！他从来没看到老板这么高兴过。开发小组的几个组员小声议论了起来，"那都是他一个人的功劳吗？没有我们从旁协助他会成功吗？""就是啊！太过分了，忘了我们连续加班 17 天的时候了！"这时老板亲热地拥着王先生走了出来，"谢谢你们！研发小组的同仁们！刚才王组长已经跟我说了，你们为了这次任务付出了很大的努力！听说有两位还带病加班是吗！辛苦你们了，本月给你们发双薪！""万岁！"老板话音刚落，大家都欢呼起来，同事们都冲上去抱住王先生，把他抛向了空中。

王先生就很精通人情世故，有功不独贪，结果受到了大家的爱戴，可以想象一下，在未来的工作中，他一定会得到大家的支持，他的工作也一定会越做越顺，人缘也会越来越好！

所以，如果你获得了一项荣耀，那就请务必做好以下几件事：

（1）感谢。感谢同仁的鼓励、帮助和协作，尤其要感谢上司，感谢他的提拔、指导、授权。千万不要把功劳都当成自己的，如果实际情况果真是如此，那么你的感谢就是应该的；如果同仁的协助有限，上司也不值得恭维，你也有必要感谢他们，这样做虽然虚伪一些，但却可以使你避免成为靶子。颁奖典礼上，各奖项得主上台领奖时都要感谢好多人，道理就是在此，这种"口惠而实不至"的感谢虽然缺乏"实质"上的意义，但听到的人心里都会很愉快，也就不会嫌忌你了。

（2）利益均沾。口头上的感谢也是一种分享，这种"分享"可以无穷地扩大范围，你的上司、同仁、下属都是你要感谢的目标，反正"礼多人不怪"嘛。另外一种是实质的分享，别人倒也不是要分你一杯羹，但是你主动的分享却让旁人有受尊重的感觉，如果你的荣耀事实上是众人鼎力协助完成的，那么你更不应该忘记这一点。"实质"的分享有很多种方式，小的荣耀请吃糖，大的荣耀请吃饭，吃人嘴软，拿人手短，分享了你的荣耀，就不会和你作对了。而且，他们还会觉得你不忘本、大度，以后也会更愿意和你交往，这真是一举两得的好事。

（3）谦卑。人往往一有了荣耀就"忘了我是谁"地自我膨胀，这种心情是可以理解的，但旁人就遭殃了，他们要忍受你的嚣张气焰，却又不敢出声，因为你正在锋头上，可是慢慢地，他们会在工作上有意无意地抵制你，不与你合作，让你碰钉子。你得到荣耀却失去了人缘，这就未免有点太不值了。因此有了荣耀，要更谦卑；要不卑不亢不容易，但"卑"绝对胜过"亢"，就算"卑"得肉麻也没有关系，别人看到你的谦卑，会说"他还满客气的嘛！"当然就不会找你麻烦，和你作对了。谦卑的要领很多，不过掌握以下两点就差不多了：

①对人要更客气，荣耀越高，头要越低。②别再提你的荣耀，再提就变成吹嘘了，事实上，你的荣耀大家早已知道，何必再提呢？

该分肉时就别吃独食，这样做是为了将别人对你的妒意降到最低，是为了不让别人对你产生不安全感。如果你现在总是独享荣耀的话，那么总有一天你也会独吞苦果。

锋芒毕露会伤着自己

大文豪萧伯纳赢得很多人的尊敬和仰慕。据说他从小就很聪明，且言语幽默，但是年轻时的他特别喜欢崭露锋芒，说话也尖酸刻薄，谁要是被他说上一句话，便会有体无完肤之感。后来，一位老朋友私下对他说："你现在常常出语幽人之默，非常风趣可喜，但是大家都觉得，如果你不在场，他们会更快乐，因为他们比不上你，有你在，大家便不敢开口了。你的才干确实比他们略胜一筹，但这么一来，朋友将逐渐离开你，这对你又有什么益处呢？"老朋友的这番话使萧伯纳如梦初醒，他感到如果不收敛锋芒、彻底改过，社会将不再接纳他，这样又何止是失去朋友呢？所以他立下宗旨，从此以后，再也不讲尖酸的话了，要把天才发挥在文学上，这一转变造就了他后来在文坛上的地位。

这个小故事告诉我们，与人交往时总是锋芒毕露，就会使我们众叛亲离，所以，如果你想赢得大家的喜欢，最好就先把自己的锋芒收敛起来。

生活中，我们常会发现，踏踏实实的人很容易与别人相处，而锋芒毕露的人，则没有什么好人缘。千万不要把人缘当小事，它可能会影响到你人生的成败。

凡事都有两重性，即好的一面和不好的一面。同一件事，若从好的方面去理解，便是一件好事；但若从不好的一面去理解，便是一件坏事。人缘的作用正在于此，它可以使坏的变好，也可以使好的变坏。假如你人缘好，那么你每做一件事，别人都会津津乐道，即使你做错了事，冒犯了别人，别人也会善意理解你的过错。生活在如此宽松和谐的环境里，你心里没有负担，处处可以尽情尽兴。但如果你人缘不好，那么你每做一件事别人都会鸡蛋里挑骨头，更不要说做错事，冒犯别人了，即使你处处谨慎小心，事事正确，别人也会不以为然，不拿正眼看你。生活在如此冷漠的环境里，你会觉得自己是一个多余的人，更不要谈什么欢乐和幸福了。有好人缘的人脚下的路有千万条，反之，便只剩下一座独木桥了。而要想有个好人缘，就不要锋芒毕露、咄咄逼人。

很多时候，我们面对的不一定是大是大非的原则问题，没必要针锋相对。退一步别人过去了，自己也可以顺利通过。宽松和谐的人际关系，可以给我们带来很多方便，又避免了许多麻烦。假如你胸怀鸿鹄之志，可以一心一意去积蓄力量；假如你只想做普通人，可以活得从从容容，逍遥自在。可进可退，两头是路，何乐而不为？

生活中，我们常看到一些人自恃才高过人而锋芒毕露，结果却又在现实生活里碰了个头破血流。

有一位朋友，是 20 世纪 80 年代末的大学生，既有才华，个性又耿直，大学毕业后被分配到大连某单位，领导对他非常重视，但没过多久，他就给领导上了一封洋洋洒洒的万言书，直斥单位工作的弊端，这一下把领导气得直翻白眼，同事也惊呼"这人是不是疯了！"从此以后，领导对他有了成见，便频频送他小鞋穿。这位朋友也不含糊，干脆辞了职到上海另谋他职。凭他的能力很快就在上海找到了一份不错的工作，可惜他锋芒毕露的习惯依旧未改，工作不到三个月，又挑起同事的毛病来了，同事当然也不会喜欢他，大家联合起来排挤他，很快他就只得自动辞职了。

与"锋芒毕露"相对，我们提倡"韬光养晦"的处世哲学，你有锋芒，不一定非得一下子显露出来，反正时间会证明一切的，收敛锋芒，可以为你在处理人际关系时留下较大的回旋余地，这也是一种必要的自我保护方法。

不要觉得收敛锋芒是一种圆滑、世故的表现，其实这样做是为了避开是非，是为了创造和谐的人际关系。"好刀出在刃上"，你有锋芒，应该在关键的时候展露给众人，而不是时不时拿出来挥舞一番，让众人疏远你、厌弃你。

不尊重别人害处多

钱某常常发牢骚说："我这一辈子净帮别人了，就没见别人帮我！

都说是'以心交心'我对朋友哪点不够意思了，他们怎么就这么对我呢？"其实这话钱某应该问问自己，检讨一下自己的处世态度，钱某对谁都是大大咧咧，说话办事不懂得尊重别人，别人给他指出这点时，他又总是一副"这有什么呀"的样子。比如说，小张的录放机坏了，怎么修也修不好，这时钱某来了，几下就给弄好了。小张刚说声"谢谢！"，钱某却撇了一下嘴，"什么大不了的事！这点小东西都修不好，亏你还大学毕业的呢！就这水平啊！"一句话把小张噎得开不了口，满腔感激之情也烟消云散了。在单位里也是如此，钱某不尊重别人是出了名的，随便拿走别人的东西，乱看人家的短信，说起话来口气生硬，一点也不懂得照顾别人的自尊心……因此，尽管他帮了别人很多忙，别人却不愿领他的情，大家都说"宁可不要他帮忙，也不想受他的那份气！"

钱某说话办事太不尊重别人，结果失去了别人的好感，即使他再努力帮助别人，也只是在做无用工。每个人在人际交往中都希望能得到别人的尊重，如果你做到了这一点，那么你就会受到大家的欢迎，反之，你就只能得到大家的排斥。

新官上任三把火，黎克·杰姆逊在刚担任董事长职位时，认为自己烧的第一把火应该是解雇某些员工，以树立自己的权威。经过一番观察，他解雇了丽迪亚。丽迪亚是该公司一位资深的高级主管，而且她并未犯过任何错误，勉强可以称得上理由的，是由于丽迪亚近期要求请几天假去结婚。

然而，黎克这项不合理的做法激发了公司内其他职员的不安定因素，大家从心中降低了对董事长的信任。

后来，大家一致认为黎克能力极高，委实称得上是一位称职的董事长。然而，黎克仍然无法获得全体人员的喜欢和支持，因为大家心中都存在这样一种想法，"尽管我工作上表现出色，却不知什么时候会像丽迪亚一样，被他开除。"

最大的伤害莫过于无视对方的自尊，当友情或者某种合作的工作关系发展到难以维系的程度时，许多人会从心里冒出这样一个想法：管他呢，反正维持不下去了，即使自己做得过分一些也没关系。

所以，要学会尊重别人。

作为一个成功的社会人，只有尊重了别人，才是尊重了你自己，为自己赢得了尊重。如果忘记尊重别人，别人便可能意志消沉，甚至"以眼还眼，以牙还牙"。失去别人的支持和配合，一个"光杆司令"还怎样能作战呢？因此，无论于公于私，无论于人于己，都要切记"尊重"两字。

人和人有分工之别，但却没有贵贱之分。

谁也不能说出不尊重别人的话，比如："你真笨！""我看不起你！"等等。话一出口，犹如覆水难收，再想恢复到原有的友好关系便十分困难。

同别人谈话时，口气非常重要，同是一种意思，同是一个出发点，言辞表达得过于激烈，就会让人觉得不被尊重，一个人如果说话不尊重别人，就会产生许多不良影响，伤害你的人际关系。

那么，尊重别人主要体现在哪些方面呢？

（1）从"心理"上尊重别人

我们在心理上必须牢记"每个人在人格上都是平等的"这一信条，不以位高自居、自足、自傲。只有在"心理"上有尊重别人的想法，才可能做出尊重别人的行动。

（2）把握角色知己知彼

把握角色是与人交往的基本要求。这一要求包括知己和知彼两方面。所谓知己就是要善于根据时间、地点的变化而变换角色，否则就难免造成不尊重人的场面。比如你是一个领导，在单位里严肃认真是必要的。但如果你回到家对娇妻爱子再摆出一副凛然不可侵犯的架势，妻子、儿女就会认为你缺乏人情味，不尊重他们对夫爱、父爱的需求。所谓知彼，就是要了解对方的年龄、身份、语言习惯等。假如对方是位年长者，而你是个青年人，在称呼上要礼貌、在语气上要委婉、在语速上要和缓、在话题上要"投其所好"，这些都体现了对长者的尊重，必然能赢得对方的赞赏。

（3）弄清背景再开口

如果在交际过程中能考虑对方的背景，不触及对方的隐私；如果在别人交谈时弄清别人话题，不突然插嘴；如果在谈话过程中不让自己的话带有更多的隐含前提，特别是错误前提，就是对别人的尊重。守着矮人却大谈"矮子"、随意打断别人的谈话而又"牛头不对马嘴"地乱发议论、人家明明是自学成才却偏问"你是哪个大学毕业的"的人实在是对别人的极不尊重。

（4）注意你的态度

在与人交往中，你采取什么样的态度将体现出你对别人尊重的程度。比如注意倾听别人的谈话、谦虚待人、礼貌待人、实事求是地评论人或事，都是尊重别人的表现。

（5）区分不同场合

　　场合不仅可以提供话题，诱发谈兴，还能为你尊重别人提供机会。例如，在严肃的会场，不要说笑打闹，否则就是对领导的不尊重。在朋友的结婚喜宴上应该谈些喜庆、吉利的话题。如果你尽谈些令人扫兴的话，就不是对朋友的尊重。即使朋友嘴里不说，心里也早已认定你是"不受欢迎的"人。

　　（6）处世礼为先

　　俗话说"礼多人不怪"。礼仪不仅能体现一个人的修养和人品，还能体现出对他人的尊重，赢得别人的喜欢。在社交场合，男方将女方的手握得太紧、时间太长，是对女方的不尊重，会给人以轻佻之嫌；参加朋友的婚礼而蓬头垢面、不修边幅，不仅有损自己的形象，也是对朋友的不尊重；和异性朋友保持过密的距离，甚至凑到对方耳边"窃窃私语"，是对对方的不尊重；站着与别人交谈而脚不停地"啪啪"打地，会使人产生"不耐烦"的联想；与朋友特别是长辈、上级、新朋友坐着交谈而大跷"二郎腿"，甚至抖腿，在对方看来，这是轻佻的表现、傲慢的外露，是对对方的不尊重。

　　（7）记住别人的名字

　　尊重一个人莫过于尊重他的名字。一般来说，人们总希望自己的名字能被更多的人知晓。没有任何语言能比亲切地称呼人的名字更能打动人的心。如果你在街上碰到昔日的一位同学，在相别多年后仍能直呼其名，一定会使对方欣喜不已。因为在他看来，记住他的名字是对他的极大尊重。否则打招呼时不称其名，而只是"喂喂，你……"个不停，那么对方将会"别有一番滋味在心头"了。

　　（8）守时体现尊重

如果你要参加一个同学聚会，就应当准时赴约，不可姗姗来迟，否则让那么多同学等你，是对他们的不尊重。

（9）不打断别人的谈兴

这点也体现在多方面。例如，对对方的话题保持浓厚的兴趣，注意选择双方都熟悉又都感兴趣的话题，在对方谈兴未尽时不随便转移话题，以及结束话题时有所暗示、留有余地等都是尊重别人的体现。

（10）交谈时别惹人难堪

问答在交谈过程中是很常见的，但如何问却大有学问，因为问不好会造成难堪的场面，有损别人的自尊。比如问话时应注意把握时机，别人正谈得火热，你突然一问打断别人的交谈，是不尊重别人；别人在某方面忌讳很深，你却误入"地雷阵"，偏要追问，是不尊重对方，等等。

尊重别人是好人缘的催化剂，一个不懂得尊重别人的人也无法让别人尊重自己，更无法受到大家的欢迎。所以，无论说话还是办事，都要照顾对方的感情和自尊心，这样坚持下去，你会发现自己也越来越受欢迎了。